두 살 소율이 다섯 살 주성이
배낭여행 가다

온 가족이 함께 떠난 사랑과 감동의 미국 여행기

두 살 소율이 다섯 살 주성이
배낭여행 가다

초판 1쇄 인쇄일 2017년 8월 28일
초판 1쇄 발행일 2017년 9월 4일

지은이 김성진
펴낸이 양옥매
디자인 남다희
교 정 임수연

펴낸곳 도서출판 책과나무
출판등록 제2012-000376
주소 서울특별시 마포구 방울내로 79 이노빌딩 302호
대표전화 02.372.1537 **팩스** 02.372.1538
이메일 booknamu2007@naver.com
홈페이지 www.booknamu.com
ISBN 979-11-5776-464-8(03940)

이 도서의 국립중앙도서관 출판시도서목록(CIP)은 서지정보유통지원 시스템
홈페이지(http://seoji.nl.go.kr)와 국가자료공동목록시스템
(http://www.nl.go.kr/kolisnet)에서 이용하실 수 있습니다.
(CIP제어번호 : CIP2017020757)

온 가족이 함께 떠난 사랑과 감동의 미국 여행기

두 살 소율이 다섯 살 주성이

배낭여행 가다

김성진

책과나무

미국 샌디에이고에서 산타페를 거쳐 덴버까지!

오빠~
이렇게 지도로 보니
우리 정말 엄청난 여행을 했어!

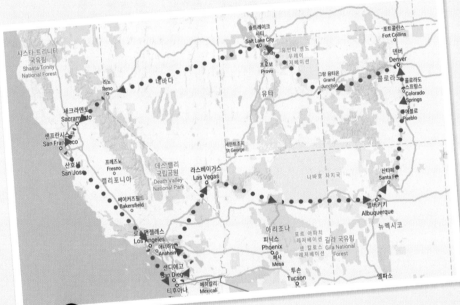

정말이네~
소율아, 우리 가독의 소중한 추억을
잊지 말고 오래오래 기억하자!

이번 여행을 다녀온 후
한 가지는 확실하게 마음에 자리를 잡을 것이다
힘든 시간이 찾아오면 이 힘든 시간도 언젠가는 지나간다는 것
그리고 그 힘든 때를 기억하며
오늘을 감사하는 마음으로 살아간다는 것이다

프롤로그

　어느덧 해가 또 바뀌었다.

　해가 바뀌었다는 것은 무엇을 의미할까? 일단 한 살 더 나이를 먹은 아이들의 모습은 그렇게 다르게 보이지 않는다. 하지만 몇 달 전 사진과 비교해 보면 아이들은 많이 달라져 있다. 그리고 조금씩 커 가는 아이들의 모습과 조금씩 대화가 통하는 아이들을 보며 그간 아이들을 키우면서 고생한 모든 것은 기쁨으로 승화되어 버린다. 하루하루가 모여 아이들의 모습이 만들어져 가는 것 같다. 처음엔 어떤 모습으로 성장할지 모르는, 빚다 만 진흙처럼 지금도 성장 중인 것이다. 그러기에 하루는 아이에겐 집을 짓는 벽돌 하나와 같다.

한 남자와 한 여자가 만나 사랑이란 이름으로 결혼을 하고 그 둘 사이에 금쪽같은 아이가 생긴다. 남녀가 성인이 되면 거치는 일반적인 코스이다. 하지만 요즘 같은 현실에서는 사랑하기도 힘들고 결혼은 꿈도 못 꾸고 아이 낳기는 더 힘들다. 각박한 세상에서 내 몸하나 간수하기도 힘든 시대이다. 이런 현실에서 아이를 낳는다고 해도 잘 키우기란 어렵다. 이런 요즘 세상에 난 참 다행스럽게도 결혼도 했고 아이도 낳았다.

아이를 낳은 후 난 정말 금지옥엽의 뜻을 절감했고 아이를 어떻게 키울지에 대해서도 고민을 많이 했다. 아이를 애지중지하는 내게 자식도 품안에 있을 때나 자식이라는 말을 어른들이 심심치 않게 하곤 한다. 정말 그러한가? 이번 여행의 목적은 바로 여기에 있었다.

내가 사랑하여 결혼한 아내가 이제 5년이란 육아생활을 뒤로 하고 다시 사회로 돌아간다. 다시 사회로 돌아가는 마음가짐과 발걸음은 참으로 무거울 거라고 생각한다. 자신감도 없고 또 그간 직장생활의 노하우라든가 아이들을 상대하고 가르쳤던 감도 많이 떨어졌으리라 생각한다. 이 시점에서 약 50일간의 미국 배낭여행은 잊어버렸던 자신을 발견하게 하고 또한 자신감도 회복하게 할 것이다. 물론 여행 중에 힘들고 지쳤을 때도 분명 있을 것이다.

인생도 그런 것 같다. 불과 몇 십 년 살지 않아 인생을 논하기에는 좀 부끄럽지만 분명 자식을 낳고 지금까지 살아오면서 어렵고 힘든 일이 많았다. 하지만 이번 여행을 다녀온 후 한 가지는 확실하게 마음에 자리를 잡을 것이다. 힘든 시간이 찾아오면 이 힘든 시간도 언

젠가는 지나간다는 것. 그리고 그 힘든 때를 기억하며 오늘을 감사하는 마음으로 살아간다는 것이다. 여행이라는 것도 그런 것 같다. 고생을 하며 여행을 하고 오면 돌아와서 얻는 게 있고 성취감이 많은 것 같다. 좋은 여건을 갖춘 편안한 여행을 떠나면 몸과 맘은 편하겠지만 그렇게 기억에 남지는 않을 것이다.

　이번 여행은 이제 막 세상 구경을 시작한 지 얼마 안 된 두 살 소율이 다섯 살 주성이와 함께 했다. 여행 계획을 발표하니 주변에서는 아직 어린 아이들과 어떻게 여행을 하려고 하냐며 무모하다, 위험하다, 안 된다 등 많은 염려와 걱정을 하셨다. 하지만 우린 해낼 수 있다고 호언장담했다. 힘들고 괴로운 일도 함께 헤쳐 나가야 하는 가족이므로 같이 가야 한다는 생각이 컸다.

　여행지에서 가족의 안전을 책임지는 것은 부모인 나와 아내의 몫이었다. 그리고 우리는 잘 해낼 수 있다. 아이들은 몇 년 후면 아빠보다도 엄마보다도 친구나 다른 그 무엇에게 더 관심을 보이게 될 것이다. 그때가 되면 부모의 품 안에서 벗어나려 할 테고 우리들은 자연스럽게 밀려나게 된다. 그러니 지금이 기회이다. 여행을 통해 함께 시간과 공간, 느낌과 경험을 공유하며 우리가 가족이라는 것을 몸소 체험할 때이다. 여행에서 돌아오면 함께 떠난 여행에 대해 계속 이야기하며 그때의 경험과 추억이 우리가 메마른 사막을 홀로 걸어간다고 느껴질 때 한 모금 시원한 냉수처럼 느껴질 것이다.

2017년 9월

김 성 진

목차

1. 여행 이야기

2. 추억 앨범

여행을 떠나야 한다. 그래서 10월경에 우리는 결정했다. 미국으로 50일 여행을 떠나기로……. 생각만 해도 가슴이 벅차오른다. 여행을 계획할 때는 무엇을 어떻게 준비해야 하는지 모르지만 떠난다는 사실에 마냥 즐겁다. 그러나 마음 한편에서는 이제 겨우 두 살, 다섯 살인 아이들을 우리가 잘 돌보면서 여행을 다닐 수 있을까 하는 두려움도 이따금씩 엄습해온다. 10월 말 새벽 비행기표를 알아보았다. 지금 끊지 않으면 가격이 30% 이상 상승한다고 했다. 그러니 오늘 종지부를 찍어야 하는데 정말 떠날 수 있을까. 어린 아이들을 데리고?

1
여행 이야기

아이들과
여행을 떠나기까지

 안성으로 출퇴근한 지 1년이 다 되어 간다. 안성에서의 생활에도
어느 정도 익숙해졌다. 내년이면 아내도 약 5년 만에 복직을 할 것
이다. 뭔가 대전환이 필요한 시기이다. 아내도 복직을 앞두고 있고,
나도 새로운 생활에 적응했다. 그러나 우리에게 일어난 가장 큰 변
화는 그 사이에 소중한 아이가 두 명이나 생긴 것이다. 우리는 신혼
여행 이후로 단 한 번도 해외에 나가질 못했다. 그 이유는 아이 키우
기가 너무 벅차서이다. 또한 아이를 데리고 여행을 갈 수 있을까 하
고 지레 겁을 먹어서이다.
 동유럽으로 신혼 배낭여행을 다녀온 것이 이제 먼 옛날이야기가
되었다. 드디어 기지개를 펼 때가 돌아왔다. 여행을 떠나는 데는 여
러 이유가 있다. 지금 아니면 언제 떠날 수 있을까 하는 마음 때문
이고 아내에게는 본인의 전공인 영어를 다시 한 번 일깨우는 기회가
되길 바라는 것과, 복직을 하면 일과 양육을 병행해야 하는 상황에
서 정신적인 자신감이 필요하다고 생각해서이다. 또한 가족 전체적

으로는 우리가 가족이라는 이름으로 연결된 끈이 얼마나 끈끈한지 몸소 확인하려는 이유도 있다.

여행을 떠나야 한다. 그래서 10월경에 우리는 결정했다. 미국으로 50일 여행을 떠나기로……. 생각만 해도 가슴이 벅차오른다. 여행을 계획할 때는 무엇을 어떻게 준비해야 하는지 모르지만 떠난다는 사실에 마냥 즐겁다. 그러나 마음 한편에서는 이제 겨우 두 살, 다섯 살인 아이들을 우리가 잘 돌보면서 여행을 다닐 수 있을까 하는 두려움도 이따금씩 엄습해온다. 10월 말 새벽 비행기표를 알아보았다. 지금 끊지 않으면 가격이 30% 이상 상승한다고 했다. 그러니 오늘 종지부를 찍어야 하는데 정말 떠날 수 있을까? 어린 아이들을 데리고? 이런 생각 저런 생각 때문에 잠이 오지 않는다.

"일을 확 저질러 버려? 아니야, 어떻게 감당하려고!"

이렇게 두 마음이 팽팽하게 맞서고 있었다. 그러다 새벽 5시에 잠깐 눈을 붙였다.

"내일 생각하자. 설마 내일이라고 비행기 값이 바로 오르겠어!"

다음날 퇴근 후에 아내를 만났는데 나에게 비행기표를 끊었냐고 물어보는 것이었다. 나는 '당연히 끊었지.'라고 대답했지만 그녀는 더 세부적으로 물어본다.

"언제, 몇 시 비행기인데?"

나는 그때까지 간다, 못 간다 하는 두 마음으로 갈피를 잡지 못했지만 그 질문을 받는 순간 결정했다.

"그래 예약하자, 예약해. 그 까짓것 한번 부딪혀 보자!"

그날 밤 12월 30일 오후 4시에 출발해 중국을 경유하여 미국으로 가는 비행기표를 끊었다. 우리가 타고 갈 비행기는 중국 남방항공이었다.

"이제 드디어 떠나는구나!"

우리 여권의 유효기간도 확인해야 했지만 생애 처음으로 여행을 떠나는 주성이와 소율이에게는 여권을 만들어줘야 한다. 그밖에도 아이들을 위해서 비행기에서 먹일 영유아 음식도 미리 예약해야 되고 영유아를 위한 침대도 미리 준비해야 한다. 이런저런 정보를 알아보다 보니 좋은 정보가 눈에 띄었다. 24개월 이내 아이는 비행기 탑승이 무료라고 하니 23개월 된 소율이는 무료로 비행기를 이용할 수 있을 것 같다. 그러고 나서 여행 일정 등 여행 계획도 짜야 하며 일정에 소요될 여행 경비도 마련해야 한다. 이번엔 아이들 때문에 렌터카를 빌려야 하므로 국제면허도 발급 받아야 한다.

난 10년 만에 만날 미국에 계신 외삼촌, 외숙모, 이모들, 사촌들을 생각하니 너무 기대에 부풀고 심장이 두근두근한다. 한편으로는 "아이들은 어떻게 데리고 다니지?"라는 걱정도 들었고 다니면서 아이들 끼니는 어떻게 할지도 고민이 되었다.

여행 준비며 아이들 챙겨야 할 생각에 걱정 반, 기대 반으로 머리가 복잡하다. 하지만 여행할 생각 때문에 하루하루가 즐겁게 지나가는 것 같다. 지금의 고된 일상을 버틸 수 있게 하는 원동력이라고 해야 할까! 나는 긍정적으로 생각하기로 했다.

"그래! 지금의 이런 생각을 즐기자. 그리고 여행은 차근차근 준비하자!"

두 살 소율이 다섯 살 주성이 배낭여행 가다

일단 시청에 가서 주성이, 소율이 여권을 새로 만들었다. 내 여권
은 6개월 남짓 남아서 새로 신청해야 할지 말지 고민됐다. 여행사에
물어보니 새로 신청하는 편이 낫겠다고 한다. 대사관에서는 미국과
우리나라가 무비자 입국 관계라 괜찮다고 했다. 나는 대사관의 안내
를 따르기로 했다.

다음 날엔 경찰서에 가야 했다. 국제운전면허증을 나와 아내 두
명 다 발급받으면 좋을 것 같았다. 오래 기다려야 하는 줄 알았는데
막상 발급신청을 하니 15분 정도면 발급이 되었다.

아이들을 데리고 가는 여행인 만큼 갑자기 찾아올 여러 질환에 대
비가 필수였다. 그러니 상비약도 준비를 해야 한다. 약국과 병원을
다니면서 상비약을 준비하기로 했다. 그렇게 해서 성인들 것 외에도
주성이와 소율이가 함께 복용할 수 있는 배탈약, 진통제, 해열제 등
을 한 뭉치를 받았다.

드디어 아이 둘 데리고
미국으로 출발한다

여행을 계획한 후 하루 이틀이 지나 드디어 오늘, 출발하는 날이 되었다.

"야호!"

사실 출발 1주일 전까지 주성이가 호흡기 질환으로 입원을 했었다. 이런 상태에서 여행가는 것은 무리라고 말씀하시는 장모님과 주변 사람들의 걱정을 뒤로 하고 출발하기로 했다. 우리 어머니, 아버지에게는 차마 주성이가 입원했다는 말씀조차 드리지 못했다. 주성이에게 천식이 발병할 경우를 대비해 네블라이저도 챙기고 호흡기 치료제도 모두 챙겼다. 주성이가 병원에 계속 입원했었더라면 여행을 취소해야 할 상황이었지만 여행을 4일 앞두고 퇴원 결정이 내려졌다. 다행이었다. 병에서 호전되어 퇴원한 것도 그렇지만 함께 여행을 떠날 수 있는 것도 참 감사한 일이었다.

인천공항까지 뭘 타고 가야할지 고민하던 중에 비용 대비 효율 면에서 리무진이 낫다 판단한 후 리무진을 타고 가기로 했다. 타고 온 자가용은 천안종합터미널 건물 뒤에 주차해놓고 출발하기로 했다. 짐을 세어보니 여덟 개였다. 참 많기도 많다.

"이 짐을 모두 비행기에 싣고 나면 몸이 좀 가벼워지겠지!" 하는 마음으로 공항으로 출발했다. 출국을 앞두고 있어서인지 창가에 보이는 풍경들이 새삼스

10시 출발 공항행 리무진 드디어 출발!!

럽게 느껴진다. 여행에 대한 설렘이 더욱 낭만적으로 다가왔다. 그러다가도 당장 현실적인 문제를 생각하지 않을 수도 없었다. 우선 인천공항에 도착하면 처음 할 일이 외환은행에 가서 환전하는 것이고, 둘째로 점심식사를 해야 하고, 짐도 부쳐야 한다. 여러 가지 할 일들이 많았고 할 일의 가짓수만큼이나 생각이 많았다.

인천공항에 도착해 우선 잘 보이는 중앙에서 사진 한 컷을 찍었다. 주변에 어찌나 사람들이 많은지 발 디딜 틈조차 없었다. 그래도 항상 공항에 나오면 즐겁다. 어디론가 떠나는 사람들의 여행에 대한 기대감 어린 표정을 마주하는 것도 좋았고, 나 역시 그런 기대감에 잠겨 있는 것 같아서 행복했다.

드디어 시간이 되었다. 우리는 여권을 손에 들고 출국수속을 밟았다. 중국을 경유해야 했으므로 우리는 중간에 비행기를 갈아타야 했

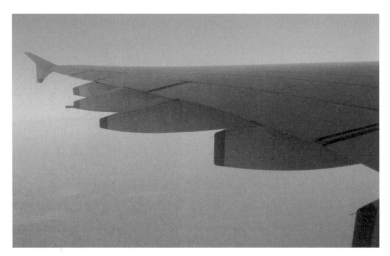

아래가 중국인가 봐!

다. 우리가 처음 타야 할 중국으로 가는 비행기의 자리는 날개 쪽 창
가였다. 중국 광저우까지는 두 시간 정도 소요된다. 광저우는 중국
의 서남쪽에 있는 도시로 몇 시간 걸리지 않는 위치에 홍콩과 마카
오가 함께 있다.

　나와 아내는 비행기에 어느 정도 익숙하지만 아이들에게는 처음이
다. 아이들이 비행기에서 잘 버텨줄지 걱정이 되었다. 이착륙 때 자
지러지게 울던 어린 아이들을 여행 중 여러 번 목격했던 적이 있다.
다행히 지금까지는 주성이나 소율이 모두 겁내거나 투정을 부리지
않고 의젓하게 굴었다. 미국에 도착하기까지 더 비행기 안에서 보내
야 하는데 이 정도면 양호한 편이었다. 그래도 아이들의 컨디션은
언제든 변할 수 있으므로 초조했다. 광저우에 얼른 도착했으면 싶던
비행기가 그곳에 도착했을 때 조금 안도감이 들었다. 처음엔 비행기

표에 영어로 광주라고 표기되어 있어서 우리나라 광주처럼 여겨져 재밌기도 했다. 우리가 한자문화권에 속해 있어서 지역 이름이 더러 같은 경우가 있었지만 중국에도 광주가 있다는 게 친근하게 느껴졌다. 물론 중국 광주는 광저우라 발음하는 것이 다르긴 하지만 도시 이름은 비슷하다.

중국에 내려 세 시간을 기다리고 드디어 미국행 비행기에 몸과 마음을 담았다. 이제 진정한 장시간 비행기여행이 시작된다. 비행기가 뜬다. 소율이는 자리를 배정하지 않아 나와 아내의 품에 번갈아 앉혔고 주성이는 자기 자리에 앉아서 영화도 보고 게임도 하고 즐겁게 보내는 것 같다. 비행기에서는 무엇보다 기내식이 가장 기다려진다.

이제 막 미국 땅에 도착하다!

처음으로 타보는 중국비행기의 기내식은 어떨까 하는 막연한 기대감도 있고 아이들에게 주는 유아식은 어떨까 하는 기대감도 있다. 조금 후에 기내식을 받아보니 생각했던 것보다 무척 괜찮았다. 우리는 중국산, 중국식 하면 일단 한 단계 밑으로 깔고 보는 경향이 있어서 그런 것 같다. 창밖도 보고 게임도 하고 영화도 보고 이렇게 저렇게 시간을 보내는 동안 13시간이 지나서 드디어 미국 LA에 도착했다.

LA 국제공항에 도착해
우리와 함께 할 렌터카를 받기까지

LA 공항분위기가 무척 역동적이었다. 10년 만에 방문이라 그런지 감회가 새로웠다. 아내는 처음 온 미국이라서 그런지 감회가 더 새로울 것 같았다. 그런데 입국심사장에서부터 일이 터졌다. 우리 일행을 입국장에서 다른 라인으로 빼더니 우리가 가지고 있는 소지품 전체를 검사해야 한다고 했다. 우리는 영문도 모른 채 "왜 그러지?" 하며 순순히 따를 수밖에 없었다. 아내는 가지고 온 돈이 천 이백달러 이상이면 신고하라고 했는데 세관신고서에 "0"을 하나 더 붙여만 이천 달러로 표기해서 잡힌 것 같다고 했다. 나도 그렇게 생각하고 공항직원에게 물어봤는데 그것은 다시 수정하면 되니 큰 문제가 되지 않는다고 했다. 그럼 과연 무엇 때문일까? 뒤늦게 알게 된 것은 육포가 문제였다는 것이었다. 미국에 들어올 때 타국에서 제조되거나 가공된 농축산 식품 가공류는 검역절차를 거치지 않으면 전량 폐기해야 한다. 검색하던 중 가방에서 육포가 나왔고 육포를 압수당한 후에 드디어 공항에서 입국심사가 끝났다. 몇 개의 육포를 압

수당했지만 이제 공항 밖으로 나올 수 있었으니 육포에 대한 미련은 곧 사라졌다. 그러나 요즘 더 문제가 되는 것은 노트북이다. 사람들은 노트북이 뭐가 문제냐고 물어볼지 모르지만 노트북 안에 있는 배터리가 요즘 테러리스트들에게 폭탄 제조로 많이 사용된다고 하여 미국에서는 검문 1순위이다. 미국에서 앞으로의 여정을 생각하니 눈앞이 깜깜하다.

우리는 도착 후 짐을 다 찾고 먼저 렌터카 업체에서 나온 택시를 기다리기 위해 대략 30분 정도 서 있었다. 렌터카 업체 사장님은 도착하면 카톡을 달라고 했다. 그런데 택시가 우리를 발견하지 못했고 우리 역시 캡 있는 택시만 찾다 보니, 결국 우리가 타야 할 일반 승용차 택시를 알아보지 못했다. 우여곡절 끝에 어떻게 하다가 택시 안에 있던 사장님과 우리는 서로 시선 교환하게 되었다. 혹시나 하고 카톡으로 연락을 취하니 우리가 기다리던 택시가 맞았다. 여기서도 카톡이 유용하긴 유용하군, 이제 카톡은 한국인에게는 없어서는 안 될 소셜 네트워크가 되었다는 생각이 들었다.

그렇게 어렵사리 찾은 택시를 타고 이제 미국여행에서 함께 해야 할 차를 찾으러 가는 중이다. 택시 기사님은 미국에 10년 전에 이민 오셨다고 했다. 기사님은 차에 기름은 어떻게 넣어야 하는지, 미국 신호등 체계는 어떤지 등을 친절하고도 자세하게 설명해 주셨다. 렌터카가 있는 곳까지 팁을 포함해서 20불 정도 지불했다. 얼마 후 도착해서 본 렌터카는 도요타 프리우스이다. 경제적이고 성능은 좋지만 자리는 좀 비좁다. 하지만,

"여행하러 왔는데 이 정도면 충분해."

하고 생각하니 차가 마음에 들었다. 일단 차를 가지고 바로 내비게이션을 받아서 샌디에이고 숙소로 향했다. 그전에 렌터카 사장님께 자동차를 몰 때 주의할 사항과 미국 길에 대한 간단한 안내를 들었다.

가자 우리의 첫 행선지
샌디에이고로!

"이제 미국 여행 시작이구나!"

12월 31일 밤 10시 50분, 고속도로를 내달리며 창밖을 보니 깜깜했다. 드디어 숙소에 도착했다. 우리 숙소 옆에는 '데니스'라는 프랜차이즈 음식점이 있었다. 식당 안에는 연말 분위기가 물씬 난다. 가족 단위로 삼삼오오 모여 앉아 연말연시의 기쁨을 느끼고 있었다. 드디어 열두 시가 되는 순간 사람들은

"야호!"

라고 외치며 박수를 쳤다. 이어서

"해피 뉴 이어!"

라며 낯선 이방인인 우리에게도 해피 뉴 이어라고 인사를 하면서 반겨 주었다. 그리고 곳곳에서 폭죽과 함께 즐거운 함성이 터져 나왔다. 잊지 못할 올해의 마지막 밤이었다. 그런데 우리로서는 올해의 마지막 날을 두 번을 지내게 된 셈이었다. 한국에서 한번 여기 미국에서 한번. 시차가 부린 마술이었다.

우리가 머문 첫 숙소

　숙소에 도착하니 예상치 못한 일이 일어났다. 우리가 너무 늦게 도착해서, 예약한 방을 다른 손님에게 내줬다는 것이다. 그래서 20분 후에나 방을 받았는데 이 방은 전 손님이 쓰고 난 후 정리가 되지 않은 방이라 지저분했다. 그래서 다시 교체했다. 새로 교체 받은 방은 깨끗하고 널찍했다. 싱크대와 냉장고, 전자레인지가 갖춰져 있어 펜션에 온 기분이었다. 주성이와 소율이는 장시간의 비행에도 지치는 기색이 하나 없다. 아이들은 욕조에서 물놀이를 하고 미국 TV를 보고 침대에서 팔팔 뛰며 놀다가 새벽 3시 엄마의 잔소리를 듣고 잠이 들었다.

캘리포니아 남부 도시
샌디에이고에서 보낸 첫날

    다음 날 아침 싱그러운 햇살을 맞으니 예상보다 일찍 눈이 떠졌다. 오늘은 어떤 일이 우리를 기다리고 있을지 모두가 궁금해 하면서 기대하고 있었다. TV를 켜니 LA의 패서디나에서는 1월 1일 로즈데이 축제가 한창 진행 중이었다. 오늘 시간이 되면 로즈데이 축제에도 들르리라 생각했다.

첫 도착지 숙소 옆 데니스에서 허기를 채우고

아내는 벌써 주변 편의점에 가서 아침 먹을거리를 약간 사왔다. 물론 이 숙소에서는 아침식사를 할 수 있다. 한국처럼 밥과 국이 있는 건 아니지만 빵과 시리얼이 준비되어 있다.

여장을 준비하고 차를 타려고 하니 하이브리드 카라서 그런지 조작하는 데 약간의 미숙함이 있었다. 일단 시동이 켜져 있는 상태에서 소리가 전혀 들리지 않으니 시동이 켜졌는지 꺼져 있는지 알 수가 없었다. 그 후 렌터카 사장님께 다시 전화를 해서 상황을 말씀 드렸더니 키를 on에 놓고 엑셀을 밟아 보라는 것이다. 그때 알게 된 것은 하이브리드 카는 연료절감을 위해 정차 중에 시동이 꺼진다는 것이었다. 미션을 다시 D로 놨을 때 스르르 전원이 들어온다. 그 후 아무 문제없이 잘 되었다.

우리는 가까운 해변으로 먼저 가기로 했다. 그곳은 라호야라는 해변이다. 라호야는 미국 LA에서 남쪽으로 두 시간 샌디에이고에서 북쪽으로 40분 정도 거리에 있다. 이곳은 바다사자와 바다코끼리 서식지로도 아주 유명하고, 미국서부에서 부촌으로도 유명한 지역이다. 더욱 인상적인 것은 이곳의 갈매기는 정말 사람을 무

아들과 함께 미지의 해변을 거닐다.

두 살 소율이 다섯 살 주성이 배낭여행 가다

서워하지 않는 것 같다는 것이다. 이
들도 아마 사람들이 자기를 공격하지
않는 걸 아는 듯하다. 어느새 주성이
와 소율이는 이곳에 적응하여 바다
에서 모래성을 쌓고 파도에 씻겨 내

려가는 모래성의 모습을 보면서 엄청 좋아하며 즐기고 있다. 주성이
는 이상한 물체를 주워서 놀고 있다. 만져보면 물컹물컹하고 보기에
는 나무뿌리 같기도 한 것을 이리저리 돌려 본다. 우리는 저 멀리 바
위가 있는 곳까지 걸어 가봤다. 파도가 금방이라도 우리를 덮칠 것처
럼 넘실넘실 거린다. 모두가 그 모습에 감탄을 하며 입가에 웃음이
한 가득이다.

　해변 주변을 돌아보는데 다른 주에서 왔다는 미국인이 말을 걸어
왔다. 그들은 우리에게 어디서 왔냐고 물어본다. 그리고 아이들이
참 사랑스러워 보인다고 하며 즐겁게 여행하라고 덕담을 건넸다. 그
모습이 너무 따스하고 인상적이었다. 문득 옆을 보니까 한 아이의
아빠가 아이에게 준 풍선이 나무에 걸려 떨어지지 않는 것을 보고
모두가 한 시간에 걸쳐서 나무에 걸린 풍선을 빼주려고 이런 저런
시도를 하는 게 보였다. 우리의 일이 아니었지만 부모로서 나도 그
것을 빼주고 싶은 마음에 풍선을 빼내려 몇 차례 시도해 보았다. 그
러나 풍선을 빼주지는 못하고 돌아서게 되어 무척 아쉬웠다.

　그 후 두 번째 숙소인 컬스배드 인근의 호텔로 간다. 숙소에 짐을
내리고 다시 밖으로 나왔다. 이곳에서 2박 3일 여정이니 좀 여유가

라호야 피어의 노을

있을 것 같다. 그날 저녁은 숙소 근처 한국음식점에서 생선구이로 해결하기로 했다. 한국음식점 사장님은 아이들에게 정감 있는 모습으로 친절하게 대해 주셨다. 아이들을 위해 따뜻한 물을 주었고 혹시 아이들이 입맛에 맞지 않아 못 먹을까봐 누룽지까지 주셨다.

그날 밤 숙소에 돌아와서 한참 생각했다. 이번 여행에 의미를 부여하자면 정말 많을 것 같았다. 일단 평상시 같으면 한 가족이 이렇게 오랫동안 함께 붙어있는 게 쉬운 일이 아니다. 이렇게 오랜 동안 붙어있게 되면 서로에 대해 좀 더 알게 되고 서로를 관찰하게 된다. 지금까지야 아주 힘들 정도로 어려운 일이 없었지만 앞으로 어떠한 어려운 일이 생길지 알 수가 없다. 이번 여행을 통해서 서로에 대한 이해심도 키우고, 더욱 단합할 수 있으니 어떠한 어려운 일이 와도 지혜롭게 넘어갈 수 있을 것 같다.

컬스배드 인근 바닷가에는 대형 쇼핑몰과 맛집이 즐비하다. 일단 바다를 산책하면서 윈드서핑을 즐기는 사람들을 보니 나도 한번 타보고 싶다는 생각이 들었고 금방이라도 물에 뛰어 들고 싶었다. 이런 바닷바람을 맞으며 윈드서핑을 즐기는 사람들이 너무 부러웠다. 그래서 바다로 뛰어 들었지만 모든 일이 그렇듯 윈드서핑을 타는 것 또한 하루아침에 이루어지지 않는다는 것을 깨달았다. 어느새 밤하늘에 붉은 노을이 드리워졌다. 우리는 내일 동물 친구들을 만나러 샌디에이고 동물원으로 향한다.

샌디에이고 동물원에서
동물 친구들을 만나러 가자

　이른 아침 샌디에이고 동물원에 도착하니 평일인데도 많은 사람들로 북적인다. 이곳 또한 유모차에 아이들을 태우고 온 부모들이 많이 눈에 띈다. 한국이나 어디나 자식을 위한 희생은 똑같은 것 같다. 샌디에이고 동물원은 다른 동물원과 구조가 다르다. 동물원 구조가 수평적으로 되어 있지 않고 수직적으로 되어 있다. 산꼭대기에서 밑으로 내려가는 동선에 동물들이 있어 구경하고 새로운 세계를 체험하며 산을 내려가는 기분이다. 또한 숲으로 우거져 있어서 걷는 동안 시원하기까지 하다.

　샌디에이고 동물원은 1916년에 창립되어 샌디에이고 동물학협회에 의해 운영되고 있다. 샌디에이고시의 발보아공원 내에 있으며, 넓이는 40ha정도 된다고 한다. 아열대지역에 속하며 기후가 온난하여 난방시설이 그다지 필요하지 않다. 야자나무나 유칼립투스 등 각종 열대식물도 있다. 긴코원숭이, 코알라, 코뿔소, 나무늘보 및 각

홍학의 마을

종 극락조, 피지구아나 등 진귀한 동물을 수용하고 있는데 놀라운 것은 긴코원숭이 사육으로서는 이곳에서 처음으로 번식하였다고 한

안뇽~!!

다. 넓고 큰 어린이 동물원, 열대식물들로 우거진 옥외 조류사, 코알라의 숲 등이 있었다. 파충류를 세계적으로 수집하기도 한다고 한다. 원내에는 각 노선 별 셔틀버스 외에도 대 관람차, 케이블카가 있어서 다니기는 편했다.

아이들은 케이블카 타는 것을 무척 기대하고 있는 것 같다. 아이들이 천진한 눈으로 진기한 것을 보듯 동물을 보는 모습에 즐거움이 배가되었다. 아이들은 동물원 내에 있는 이층버스를 타고 여기 저기 둘러보는 것을 제일 좋아했다. 이층버스의 이층에 올라타면 마치 빌딩의 전망대에서 내려다보는 기분이 들어 무척 새롭게 느껴진다. 아쉬운 동물친구들을 뒤로하고 숙소에 들어와서는 아이들과 온천욕을 함께 하기로 했다. 내일은 샌디에이고 올드타운과 미드웨이를 가기로 했다. 그리고 전철을 타고 저 멀리 샌페드로에 있는 국경을 넘어 멕시코까지 가보기로 계획을 했다.

샌디에이고 올드타운과 미드웨이 항구,
샌페드로를 넘어 멕시코 티후아나까지

오늘 여정은 참 오래 걸릴 것 같다. 차는 주택가 한쪽에 주차해놓고 도보로 이동한 후 20분 정도 지나 전철을 타고 샌디에이고 다운타운에 가기 위해 올드타운 역에 도착했다. 올드타운 역에서 티켓을 끊어야 하는데 마음대로 되지 않아 일단 지나가는 한국인에게 물어보기로 했다. 마침 한국인이 있어 의사소통을 할 수 있어 다행이라고 생각했다. 그 한국인은 한인 3세인 것 같았다. 그가 말하길 도착역마다 요금이 조금씩 차이가 나는데 8세 이하 아이들은 무료이기 때문에 성인 두 명만 끊으면 된다고 했다. 여기에서는 대부분의 경우 아이들이 무료라서 좋다. 오고 갈 것 생각해서 왕복권을 끊고 그 옆 편의점에서 과자를 샀다.

아내는 과자를 산 것에 대해서 뭐라고 한다. 나는 전철을 타고 가는데 맛있는 과자를 먹으면서 가야 소풍가는 기분으로 즐겁기도 하고 여행이 한층 더 재미있다고 변명처럼 말했다. 전철에서 아이들

올드타운 역

과 나는 신나게 먹으면서 여행을 즐기고 있는데 본인은 먹지 않겠다
고 한다. 그러다 결국 나중엔 함께 과자를 먹으면서 전철에서 즐겁
게 시간을 보내다 보니 어느새 다운타운역에 도착했다. 눈앞에 펼쳐
진 샌디에이고 다운타운은 고층 빌딩들이 즐비하고 도시는 무척 깨
끗했다. 첫 인상은 뭐랄까 답답함보다는 쾌적함과 여유를 느끼게 했
다. 다시 말해 고층 빌딩들이 많은데도 불구하고 한가롭게 느껴진
다. 일단 우리는 항공모함이 정박해 있는 미드웨이 항구로 향했다.

　바다는 언제 보아도 좋다. 날씨가 쾌청해서 바다가 더 좋아 보이
는 것 같다. 드디어 미드웨이 항에 다다랐다. 미드웨이에 가는 동안
여러 가판이 줄지어 서있어 눈을 즐겁게 해 주었다. 눈앞에 보이는
거대한 항공모함을 인간이 만들었다는 것에 대해 다시 한 번 놀랐

다. 지금은 퇴역한 항공모함이지만 과거 2차 세계대전 때는 동아시
아를 누볐다고 했다. 그 소리를 들으니 지금이라도 항공모함이 움직
일 것만 같았다.

   항공모함 옆에 기념탑이 있는데 그 시절의 항공모함의 항로를 잘
꾸며 놓았다. 자세히 보니 한국 근처까지 항해를 했던 것 같다. 이
곳은 항공모함을 소재로 한 영화 탑건의 주 무대로도 유명한데 해군
사관학교에서 영화 촬영 허가를 내주지 않아 이곳에서 주로 찍었다
고 한다. 공원 중앙에 해군장교와 한 여인이 키스하는 동상이 서 있
는데 그것을 보고 있으면 누구나 그 포즈를 취하고 싶어 한다. 주변
에 많은 관광객들이 사진을 찍기 위해 줄지어 있는 모습이 여기가
얼마나 유명한 곳인가를 짐작케 한다.

누구의 발?

점심시간이 되어 바다 냄새 물씬 나는 곳에서 점심을 해결하기로 했다. 바로 옆에 아주 근사한 씨푸드(Sea food) 레스토랑이 있는데 그곳에서 바다를 바라보며 점심을 먹기로 했다. 기다리는 중에 갈매기들이 보였다. 갈매기들은 떨어진 부스러기라도 주워 먹기 위해 기웃거렸다.

드디어 우리 순서가 오고 주문한 음식들이 나왔다. 미국음식점에서는 아이들이 음식점에서 소란스럽게 하지 않기 위해 활동지를 주어서 색연필로 색칠을 하게 한다. 내게는 이것이 무척 인상적이었다. 아이들에게 훈계하기보다는 다른 행동을 유도해서 잘못된 행동을 사전에 방지하는 것이 더 교육적으로 느껴졌다. 무엇을 주문할까 하다가 잘 아는 단어로 선택하기로 했다. 일단 오이스터라고 표기되어 있는 요리는 굴이 들어간 요리일 것이고 랍스터는 가재, 슈림프는 새우일 것이다. 드디어 우리 순서가 오고 주문한 음식들이 나왔다.

비주얼부터가 한국에서는 쉽게 볼 수 없는 모양이었다. 우리나라에서도 먹는 굴을 참 독특하게 요리하고 새우나 가재도 여러 가지요리로 맛있게 준비되어 나왔다. 일단 서양음식의 포인트는 뭐니 뭐니 해도 드레싱인 것 같다. 어떤 드레싱이냐에 따라 같은 재료를 사용했더라도 수천 가지 맛을 낸다. 그런 점이 우리나라 음식과는 많이 대조된다. 그런 의미에서 우리나라도 드레싱이 많이 개발되어 더 다양한 음식을 먹어 봤으면 하는 게 작은 바람이다.

음식을 맛있게 먹고 나니 4시가 되었다. 다시 전철을 타고 숙소 쪽으로 올라갈까 멕시코 쪽으로 내려갈까 하는 고민이 들었다. 계획한 대로라면 멕시코 쪽으로 가야 했다. 유모차에 소율이를 태우고, 다섯 살 주성이의 손을 잡고 여행을 한다는 게 여간 어려운 게 아님을 다시 한 번 실감한다. 여기서 출발하여 샌페드로에 도착하면 오후 6시경이 될 것 같다. 일단 여기까지 왔는데 멕시코를 가보지 않으면 두고두고 후회할 것 같아서 굳은 마음을 먹고 멕시코 국경 쪽으로 향했다. 괜히 무리하는 건 아닌지는 나중에 보면 알 것이다. 영유아 둘을 데리고 떠나는 여행이기에 부담은 가지만 후회하지 않는 쪽을 택했다.

멀리보이는 국경 통제선과 멕시코

전철을 타고 창밖으로 보이는 세상이 멕시코 국경에 가까워지자 좀 더 멕시코적인 느낌이 느껴지는 것 같다. 이곳은 몇 백 년 전만 해도 멕시코 영토였는데 미국과 멕시코 전쟁으로 미국 땅이 되었다. 물론 모든 전쟁에는 이유가 있겠지만 예전엔 지금보다 많은 전쟁이 있었던 것 같다. 그 전쟁을 통해 얻은 것이 무엇인지 가끔 생각해 본다. 중세를 거쳐 근대에 이르기까지 여러 나라를 식민지로 삼은 나라들은 지금 대체적으로 영토가 작은 편에 속한다. 영국, 스페인, 포르투갈, 덴마크, 노르웨이, 일본 등 그래서 더욱 다른 나라를 침략하려 했던 모양이다. 그런 걸 보면서 느끼는 건 광활한 영토를 가진 나라일수록 느긋하고 여유가 있어 보인다. 물론 어디까지나 내 생각일 뿐이다. 그래서 난 영토가 넓은 나라를 여행하는 것에 더욱 매력을 느끼는 것 같다.

어느새 시간이 훌쩍 지나 샌페드로에 당도했다. 국경 도시라서 그런지 왠지 낯설게 느껴진다. 내리자마자 히스패닉계 사람들이 무척 많고 그 외 사람들은 별로 눈에 띄지 않는다는 것을 느꼈다. 대표적인 미국의 프랜차이즈 업체인 맥도널드와 버거킹이 떡 하니 버티고 있었다. 그 외의 풍광으로는 여기가 미

걸어서 멕시코로~

국인지 멕시코인지 구분하기가 어려웠다. 더욱이 국경근무자나 경찰조차도 히스패닉이었다. 여기 오기 전까지 내가 아는 정보로는 이곳에서 멕시코로 떠나는 셔틀버스가 있다고 했다. 버스를 타기 위해 여기 저기 알아보니 최근 1개월 전에 경제사정으로 운행이 취소되었다고 했다. 이 소식을 들으니 더욱 더 멕시코 땅에 가보고 싶어졌다. 안내하시는 분이 멕시코는 걸어서 갈 수 있다고 해서 방향을 물었다. 여기서 왼쪽으로 길을 따라 가다가 국경을 넘으면 바로 멕시코라고 했다. 소율이는 아기 띠를 한 채 자고 있고 주성이도 어느새 유모차에서 잠이 들어있다. 멕시코 국경 앞에 이르러 사진 한 컷을 찍고 계속 걸었다. 검문소에서 간단한 검색을 거친 후 멕시코 땅에 들어왔다. 우리가 처음 본 멕시코의 모습은 아주 뒤죽박죽이었다. 조금 엉성하게 배열되어 있는 집들 그리고 산등성이까지 꽉 차있는 오밀조밀한 집들, 이국적이어도 무척 이국적이었다.

그러다 살짝 겁이 나기 시작했다. 한 해의 시작이 얼마 안 되었기 때문에 멕시코에서 미국으로 들어오는 국경에 꼬리에 꼬리를 무는 차량의 행렬이 말도 못하게 긴 줄을 이루고 있었고 걸어서 국경을 넘으려는 사람들의 줄이 족히 1km는 돼 보였다. 멕시코 국경 도시 티후아나 구경은 이것으로 끝내야 했다. 우리는 미국으로 들어가는 줄에 바로 섰다. 다행히 국경 직원에게 알아보니 영아를 데리고 있는 경우 빠른 줄(Fast Line)에서 줄을 설 수 있다고 해서 약 40분 만에 국경을 통과했다. 솔직히 통과하기 전까지는 너무 오래 걸리지 않을까, 오늘 안에 미국에 다시 들어갈 수 있을까 많이 걱정했다. 그런데 소율이 덕택에 이렇게 빨리 들어오다니 주성이, 소율이를 잘 데려왔다는 생각이 들었다. 물론 아이들이 없는 여행은 계획도 하지 않았을 것이다. 한편으로는 멕시코 사람들이 하루 종일 서 있을 것을 생각하니 미안한 마음이 들었다.

멕시코로 향하는 지하철 안

우리는 다시 숙소에 돌아가는 전철을 타고 왔던 길을 거슬러 올라갔다. 잠시 후 전철 안에서 어떤 기타를 맨 남자가 우리 앞에서 기타연주를 하면서 분위기를 잡아주다가 한참 있다가 방귀를 뀐다. 그리고 유유히 사라졌다. 아내와 나는 서로를 보며 한참 웃었다. 그 남자가 왜 그랬을까 하며 온갖 상상력을 동원해 생각해 보았다. 한참 생각 후에 우리는 비로소 알게 되었다. 우리는 눈치가 없었다. 그 사람은 우리에게 약간의 관람료를 요구했던 것 같은데 우리는 전혀 눈치를 못 채서 주지 못했다. 그래서 그 남자가 기분이 상해서 방귀를 뀌고 다른 기차 칸으로 이동한 모양이었다.

전철은 계속 달려 우리가 출발했던 샌디에이고 올드타운에 다다랐다. 도착해 보니 시간이 9시 정도가 되었다. 밤이 되어선지 올드타운이 휘황찬란한 불빛과 조명에 더욱 아름다웠다. 이곳에 사람들

이 아까 출발하기 전보다 훨씬 많아 졌다. 사람들은 오래된 기념품을 파는 곳에서 여러 가지 기념품들을 사느라고 정신이 없었다. 주변 곳곳에 전통 멕시코 음식을 파는 음식점이 있었는데 이곳엔 사람들이 꽉 차있었다. 우리도 부모님과 형제, 지인들에게 줄 선물을 골랐다. 우리가 고른 것은 진짜 조개로 만들어진 전등인데 한국에서는 본 적이 없는 희귀한 물건이다.

시간은 10시가 넘었는데 저녁식사를 못해서 근처 벽난로가 있는 아름다운 카페 겸 레스토랑에서 소시지와 몇 가지 음식을 사먹기로 했다. 밤이 늦어지자 기온이 조금 떨어져 서늘함이 느껴졌다. 주성이와 소율이는 레스토랑에 들어서자마자 눈에 보이는 아이스크림 냉장고에 가서 아이스크림을 사달라고 보채기 시작했다. 우리는 추우니 아이스크림을 먹으면 감기 걸린다는 이유로 허락하지 않았지만 레스토랑 점원은 아이들이 안쓰러워 보여서 그랬는지 아이스크림을 무료로 주었다. 점원의 성의를 거절할 수도 없어서 그냥 먹이기로 했다. 아이들이 행복한 표정으로 아이스크림을 받아들었다. 우리는 저녁을 행복한 기분으로 배불리 먹었다. 그 후 다시 차를 몰고 숙소로 돌아오자 밤 11시 반이었다.

오늘은 샌디에이고에 위치한 씨월드에서
바다 친구들을 만나러 가자

오늘은 1월 3일. 아이들이 제일 좋아할 것 같은 씨월드에 가기로 했다. 씨월드는 모든 바다 동물들이 한 자리에 다 모인 곳이다. 고래 쇼를 비롯해 물개 쇼도 마음껏 즐겨 볼 수 있다. 이곳은 정말 보기 드문 돌고래에서부터 수달 그리고 펭귄, 바다사자까지 마음껏 볼 수 있는 곳이다. 아이들에게 이런 자연생물들을 보여 줄 기회가 생겼다고 생각하니 너무 기분이 좋았다. 아이들을 어르고 달래가며 데리고 다니는 것이 힘들지만 부모로서는 이런 게 보람인 것 같다. 견문을 통해 아이들의 세계관을 넓혀줄 수 있고 진기한 체험도 하게 할 수 있으니 진정한 교육의 장이 아닐까 싶기도 하다.

나는 씨월드를 10년 전에 와 보았지만 그때 기억은 부모의 입장이 아니어선지 돌고래 쇼를 본 것 외에는 전혀 기억나지 않는다. 모처럼 다시 오게 되었으니 아이들에게 하나라도 더 보여주고 싶어 이리 저리 분주하게 다닌다. 오후쯤 들어 비가 부슬부슬 오기 시작한다. 오기 전에 준비한 비옷이 아주 요긴하게 쓰였다. 아이들은 아는 지 모르는지 큰 눈망울로 바다사자 쇼를 눈 한번 깜짝 않고 쳐다보 았다. 마지막 순간 소율이가 바다사자가 우는 소리를 흉내 낸다. 그 것 하나는 확실하게 터득한 것 같아 피식 웃음이 나왔다. 돌아오는 차 안에서 우리는 주성이, 소율이에게 물개, 바다사자, 펭귄, 수달 이 어떻게 소리 내는지 시켜보았다. 이 재미로 차안에서 한동안 웃 음꽃이 피었다.

그날 밤 우리는 LA삼촌 집으로 향해 출발했다. LA에서 1주일을 보 내기로 한 것이다. 내비게이션에 LA삼촌 집 주소를 찍고 출발했다. 한 시간 반 정도 지나 도착했다. 초인종을 누르니 사촌동생 제이미 가 반겨주었다. 제이미를 10년 만에 본 것이었다. 미국에 친척이 있 어 여행을 하다가 이렇게 편하게 지낼 수 있다는 게 참 행복했다.

삼촌 집으로~

여기 LA에서의 일정은 내일부터 시작된다. 일단 내가 잠시 다녔던 UCLA에서 시작해서 베벌리힐스, 헐리우드, 웨스트우드, 자동차 박물관과 게티 센터를 비롯해 롱비치의 아쿠아리움과 미국의 파머스마켓, 산타모니카 비치를 돌아볼 예정이다. 그리고 LA에 계시는 큰외삼촌과 외숙모를 방문한 후 교회에 가서 지인들을 만날 것이다. 오랜만

삼촌 집의 맛있는 과일

에 지인들을 만날 생각을 하니 가슴이 벅차오른다.

외숙모께서 우리들이 묵을 방에 칫솔과 치약 수건들을 모두 준비해 주셨고, 아이들을 위해 유아용 숟가락과 포크를 준비해 놓으셨다. 그 배려와 친절함에 감동했고 마음이 따뜻해졌다. 인근에서 외삼촌 아들, 즉 우리에게는 사촌동생인 샨과 샨의 아내가 우리를 보기 위해 방문했다. 그날 밤 오랜만에 만난 외삼촌, 외숙모와 이런저런 이야기를 나누느라 날 새는 줄 몰랐다.

LA에 위치한 피터슨 자동차 박물관에서
내 미래의 차를 골라 볼까!

　남자아이인 주성이가 좋아하는, 자동차 박물관에 도착하니 외관은 빨간색으로 페인트칠 해놓은 하나의 자동차 형태의 모습이다. 이곳은 한 자동차 수집가가 수십 년 동안 자동차를 수집하고 재단을 만들고 자동차 박물관을 세웠다고 한다. 지금도 자동차 수집은 계속 된다고 한다. 들어가서 보니 나조차 깜짝 놀랄 정도로 잘 꾸며놓았다. 여기에는 자동차의 역사를 대표하는 자동차들이 다 집합해 있었다. 아주 오래된 차에서부터 영화에서 나왔던 차들, 가장 비싼 차들, 가장 독특한 차들, 심지어 영화 배트맨에서 배트맨이 운전한 차까지 너무 다양한 차들로 꽉 차있었다.

　3층으로 올라가자 나는 더욱 깜짝 놀랐다. 내가 초등학교 시절 그 시절 미국 드라마로 유명한 전격 제트작전에 나왔던 키트가 정중앙에 떡 하고 전시되어 있는 것이다. 그때 그 시절에는 이런 차 한 대 있었으면 하는 게 모든 아이들의 꿈이었다. 25년 이상이 지났는데도

쿠쿠

이 차가 최고~

여전히 주인의 말을 다 알아듣고 알아서 자율주행하는 차는 아직 상용화가 되지는 않았다. 요즘 들어 이런 차들이 여러 자동차 회사에서 연구 중이라는데 조만간 등장할 것 같다. 시간이 한참 되어 여기를 나서려고 하니 주성이가 다음에 또 오자고 약속을 받아낸다. 나는 언제 또 올지 모르지만 주성이에게 희망을 주기 위해 약속을 해버렸다.

영화 배트맨에 출연한 배트카 앞에서

자동차 박물관에서 나와 막내이모와 저녁식사가 예정되어 있는 LA에서 한국음식점으로 가장 유명하다는 북창동 순두부집으로 향했다. 북창동 순두부집은 한인 타운에 자리하고 있고 체인점이 여러 군데 생겼다고 한다. 이참에 한인 타운도 둘러볼 수 있을 것 같았다. 우리는 길을 헤매다가 예상시간보다 40분 정도 늦게 도착했다. 이모와 이모부는 우리를 얼싸 안고 한없이 반겨주셨다. 주성이와 소율이가 많이 자랐다고 애정 어린 모습으로 안아주셨다. 이곳에서 가장 한국적인 맛을 느낄 수 있는 음식, 순두부찌

개를 먹고 그동안 살아온 이야기를 하며 시간을 보냈다. 이모와 이모부는 미국 시민권자지만 한국의 수원에서 1년 정도 머문 적이 있으셨다. 그때는 우리가 주성이를 막 낳았을 때이다. 그래서 주성이는 이모와 이모부를 만난 적이 있다. 주성이가 기억할지는 잘 모르겠다. 늦은 밤 다시 만날 것을 약속하고 숙소가 있는 작은 삼촌 집으로 향했다.

우리는 내일 UCLA와 게티 센터에 가보기로 했다. 그리고 내가 미국에서 공부하며 혼자 떨어져 살았던 그 홈스테이도 들른다. 미국에서 사는 동안 힘들기도 하고 향수병에 걸린 적도 많았다. 그러다 이렇게 결혼하여 가족들을 데리고 내가 머물던 학교와 홈스테이 했던 집을 들른다고 생각하니 감회가 새롭다. 무려 15년 전의 일들이 다시 떠오르는 것 같다.

옛날 추억이 깃든 UCLA와
신혼여행 중에 꼭 들른다는 게티 센터

UCLA로 향하는 길은 무척 세련된 느낌이 든다. 월셔 블러바드는 여기 미국에서도 손꼽이는 빌딩 밀집지역이다. 이 길을 따라 쭉 서쪽으로 가면 West Wood를 지나 UCLA가 나온다. UCLA는 많이 변해서 내가 공부했던 건물을 찾아보려 해도 찾을 수가 없었다. 어학

센터에서 어학을 공부하고 옆에 수영장에서 수영을 했던 것이 기억이 났다. 이처럼 새삼스럽게 기억을 떠올리다 보니 아르헨티나 친구 집에 가서 함께 농구한 기억부터 많은 추억들이 갑자기 스쳐지나 간다. 점심시간이 되어 우리는 샌드위치로 간단히 식사를 한 후 게티 센

게티 센터로 향하는 소율이 주성이

게티센터 밖 풍경

게티 센터 안의 모노레일

터로 향했다. 게티 센터는 처남이 신혼여행 코스로 왔다간 곳으로 이번 미국여행 때 꼭 들르라고 우리에게 추천해준 장소이다. 어느 돈 많은 사업가가 이 부지를 모두 사고 무료로 사람들에게 개방한다고 했다. 무료이다 보니 한국 사람들도 많이 찾는다고 한다.

게티 센터에 도착하니 비가 부슬부슬 내린다. 입구에 도착하니 모노레일이 보인다. 개인 사유지에 이런 모노레일까지 놓다니 정말 대단한 것 같다. 상층부까지 모노레일을 타고 올라간다. 모노레일에서 내리면 커다란 미국식 정원과 주변으로 아름다운 건축물이 한 눈에 들어온다. 멀리 캘리포니아 만도 시야에 들어온다. 우리는 비가 오는 관계로 야외보다 실내에서 더욱 알찬 시간을 보내기로 했다. 이곳에는 유럽의 귀족, 왕족의 생활필수품은 물론 침대 장식대까지 그 모습 그대로 전시해 놓았다. 이 진귀한 것을 어떤 경로로 수집했는지 대단하게 느껴진다. 단지 침대는 누울 수 없고 소파는 앉을 수 없는 게 아쉬웠다.

게티 센터에서 나올 때 아내는 기념품 가게에 들렀다. 아내는 기념품점에서 꼭 기념품을 산다. 그냥 지나치기가 무척 아쉬운 것 같다. 나중에 돌아가서 기념품들을 본다면 여행지에서의 잊지 못할 추억이 떠오를 것이라고 말한다. 게티 센터에서 나온 우리는 다시 숙소가 있는 삼촌 댁으로 향했다.

LA에 위치한 롱비치 수족관에서
물고기 만나기

　오늘은 롱비치에 있는 수족관과 롱비치를 둘러보기로 했다. 롱비치는 LA에서 서남부 쪽에 있는 도시로 무역항과 관광지로 유명하다. 역사적인 퀸 메리호가 정박한 곳으로도 유명하다. 퀸 메리 호는 70년대 까지 유럽과 미국을 오가는 초호화 여객선이라고 한다. 롱비치 해안에 있는 수족관은 씨월드에 버금갈 정도로 큰 수족관에 여러 바다생물들이 살고 있다. 내가 이곳에서 본 것 중 가장 신기했던 것은 북극곰이다.

　북극곰은 전에 음료수 CF광고에도 단골 소재로 나와 우리에게도 친숙하고 하얀 털이 뭉근하니 사랑스러워 보이지만 보기와 다르게 매우 사나운 짐승이다. 또한 벨루가라는 바다생물이 있는데 피부가 온통 흰색이라서 신기하다. 그래서 옛날에는 사람들이 바다에 사는 인어라는 별명도 붙여주었다고 한다. 실제로 바다에서 항해 중에 많은 사람들이 벨루가를 보고 인어를 보았다고 주장하는 사람들이 많았다고 한다.

롱비치에서 저녁식사를 하려는데 주변 상인들에게 알아보니 여긴 겨울보다 여름에 사람들이 더 많이 찾는다고 한다. 우리는 주변에 물어 유명한 음식점을 찾아 들어가 보니 많은 미국인들이 식사를 하는 중이었다. 그들은 TV를 보면서 담소를 나누는 등 즐거운 저녁시간을 보내고 있었다. 미국 사람들은 여가를 즐기면서 스포츠관람을 빼놓지 않는 것 같다. 매장에 20개 이상의 TV가 벽에 다닥다닥 붙어 있고 TV속에 한창 NBA시합이 진행 중이었다.

"오! 미국 사람들은 저녁시간을 이렇게 즐기는구나."

우리나라 같으면 식사시간에는 보던 TV도 끄고 식사에 집중하라고 하는데 참으로 우리나라와 식사 문화 차이가 많이 나는 것 같다.

미국음식은 단순하게 조리된 것 같으면서도 양은 참 많다. 보기엔 이걸로 배가 채워질까 싶지만 어느 정도 먹고 나면 배가 불러 온다.

라즈스톤즈

돌아오는 길에 롱비치에 뜬 달이 우리를 그냥 내버려 두지 않는다. 롱비치의 밤바다를 보며 요트가 정박해 있는 테라스에서 주성이와 나는 잠시 댄스를 추기 시작했다. 한밤중이라서 그런지 사람도 별로 없고 한적했다. 그러다 보니 소율이도 춘다고 따라 한다.

수많은 요트를 보며 이 요트들은 어디까지 갔다 왔을까 하는 쓸데없는 의문도 든다. 내가 듣기로는 요트에 몸을 싣고 1년 이상 바다를 여행하며 정박하고 싶은 곳에 정박하여 1주일 정도 머무르고 또 다른 곳으로 이동한다는 부부가 있는데 우리가 하는 여행과 비교했을 때 이동수단은 다르지만 참 낭만 있어 보인다.

시간 가는 줄 모르고 있다 보니 어느새 11시가 되었다. 한국에서도 아이들을 데리고 11시까지 밖에 있었던 때가 드문데 이곳에서는 매일 밤 11시를 훌쩍 넘겼다. 너무 늦게 들어가는 것이 미안해서 맛있는 초콜릿을 사서 외숙모께 드리기로 했다.

여행할 때는 참 즐거운 데 집에 들어오면 가장 힘든 것이 있다. 눈이 반쯤 감긴 상태로 바로 침대에 누웠으면 좋겠는데 그건 바람일 뿐 아이들을 자기 전에 목욕을 시켜야 한다. 그리고 잘 수 있도록 분위기도 만들어줘야 한다. 그렇지 않으면 시차 적응 때문에 잠을 잘 못 잔다. 졸린 눈과 피곤한 몸으로 아이들을 씻기고 나니 오늘도 그렇게 하루가 갔다.

40년 이민생활 중인 친척들을 만나고 트리프트숍에 가서 쇼핑하자

오늘 토요일은 큰이모와 함께 식사하기로 한 날이다. 큰 이모는 나의 어머니에겐 언니로 미국에 45년 이상 사신 분이다.

삼촌께서 일찍 삼촌 회사에 들르라고 하셔서 들렀는데 깜짝 놀랐

삼촌회사 컨테이너 터미널

다. 삼촌 회사에서 일단 눈에 보이는 주차장은 축구장만 했다. 10년 전보다 회사가 비약적으로 발전했다는 것을 알 수 있었다. 지사도 다섯 개나 되고 회사 몸집도 열 배는 커진 것 같았다. 이렇게 회사를 잘 운영하시는 삼촌이 대단하게 느껴진다. 그곳에서 점심을 먹고 트리프트숍으로 갔다. 트리프트숍은 여러 중고 물품을 값싸게 파는 곳

이다. 적은 돈으로 꼭 필요한 물건을 찾은 후에 그 물건을 사면 이보다 더 큰 보람이 없다.

렌돈도비치 근처 별장

다시 회사로 돌아왔다. 큰 이모님은 여기서 일하신다. 큰 이모님은 일을 어느 정도 마치고 우리와 레돈도 비치에 가서 바닷길을 걸었다. 비가 갠 지 얼마 안 되어 사람들도 얼마 없었고, 고요했다. 잠깐 산책 코스로 걷기에 좋을 것 같았다. 무엇보다도 주변 풍광을 보면서 즐기기에 더할 나위 없이 좋은 곳이었다.

그 날 저녁 이모께서 잘 가는 한국음식점에서 음식을 먹었다. 한국에서 수천만 리 떨어진 이곳에 한국음식점이 있다는 것만으로도 감사해야 할 것 같았다. 큰 이모님과 우리는 저녁을 아주 맛있게 먹었다. 그 다음날 우리는 교회로 향한다. 나는 유학시절 공부하고 주일에는 교회를 갔는데 바로 그 교회에 간 것이다.

그날 우리는 교회에서 말씀을 듣고 교회 성도들과 인사를 한 후에 큰외삼촌 가족과 식사를 하기로 했다. 미국 최고의 쇼핑몰인 그로브 몰에서 식사 약속을 잡았다. 아주 근사한 음식들과 다양한 음식을 맛있게 먹고 주변을 산책했다. 미국의 이국적 분위기를 마음껏 느꼈다. 이곳에는 한국에서 연예인도 많이 찾고 외국인도 많이 쇼핑하는 몰이라고 한다. 이곳에는 이층버스가 있었다. 우리는 이층버스를 타고 쇼핑거리를 누볐다. 큰 외삼촌 가족과는 언제 다시 볼지 모르니 작별 인사를 하고 저녁에 다시 작은삼촌 집으로 돌아왔다. 삼촌 집에 사는 조이와 쎄씨라는 두 마리의 강아지가 우리가 오자 꼬리를 흔

주성이와 쎄씨

들며 반갑게 맞이해 주었다. 그 중에 조이가 꼬리치며 달려들었다. 하지만 쎄씨는 좀 까칠한 성격이어선지 소율이에게 '멍멍' 하고 짖을 뿐 가까이 오지 않았다. 소율이는 놀라서 울다가 시간이 지나니 다시 강아지들을 만지기 위해 조심조심 접근한다. 소율이는 쎄씨와 친해지기 위해 노력하지만 쎄씨가 기회를 주지 않는 것 같다.

우리는 내일이면 LA를 떠난다. 떠난다고 생각하니 막상 떠나기가 싫다. 그 이유는 떠나면 무슨 일이 기다리고 있을지 알 수 없어서 느끼는 막연한 두려움이 엄습했기 때문이다. 또한 이렇게 친척들을 만나 편한 생활을 하다가 다시 아이들을 온전히 책임지며 고생할 생각을 하니 마음이 무거워졌다. 아무튼 우리는 애초에 계획한 여행일정을 준수할 생각이고 내일은 반드시 길을 떠날 것이다.

정든 LA를 떠나
은퇴자의 천국 팜 스프링스로

지금까지 전반전이 끝났다. 이제 여행의 후반전이다. 본격적으로 동쪽으로 향하기에 앞서 필요한 도구라든가 음식, 그밖에 고장난 주성이 호흡기 치료 기구인 네블라이져를 사기 위해 월마트 옆 상점에 들른 후에 바로 출발했다. 첫 여정지인 팜 스프링스까지 가는 길은 많이 밀렸다. 배도 고프고 차에서 보내는 것도 지쳐서 가는 길에 맥도널드에서 잠시 쉬기로 했다. 미국은 프리웨이에 두 종류의 휴게소가 있다. 일반 휴게소는 화장실만 있고 프랜차이즈 휴게소는 주유소, 편의점이나 햄버거 가게가 있다. 일반 휴게소는 100마일에 하나씩 있는 반면에 프랜차이즈 휴게소는 30마일에 하나씩 있다. 프랜차이즈 휴게소가 접근성이나 개수에 있어서 더 이용하기가 편리하다.

어느 정도 쉬고 나서 다시 출발했다. 앞으로 한 시간이면 도착한다. 우리가 도착한 호텔은 황토색 바위산 근처이다. 일단 멀리 하얗게 눈이 쌓인 산이 보인다. 여기 날씨는 한낮에는 좀 더운 편이고 밤

온천탕에서 배가 가요

에는 좀 시원해지는 편이다. 우리는 일단 팜 스프링스에서 가장 유명하다는 산에 가서 케이블카를 타기로 했다. 도착하기 전까지는 눈이 잘 보이지 않았는데 1000m 이상 올라가니 정말 애니메이션 뽀로로에 나오는 눈 세상이 펼쳐졌다. 우리는 이곳에 어떤 동식물들이 사는지 관찰한 후에 눈 쌓인 들판으로 직접 내려가 보기로 했다. 눈이 덮인 세상에서 정말 꿈같은 시간을 보낸 것 같다. 이곳의 눈은 한국의 눈과는 차이가 있는 듯하다. 한국의 눈은 녹으면 물이 되는 반면 이곳의 눈은 녹으면서 그냥 사라지는 것 같다. 그래서 쉽게 옷이 젖지 않는다. 우리는 아이들과 케이블카를 타고 올라가서 눈썰매를 타면서 즐거운 한때를 보냈다. 그렇게 열심히 보냈지만 정말 옷이 조금 젖을 뿐 완전히 젖지는 않았다.

다시 숙소로 돌아와 그날 밤 뜨거운 온천에서 아이들과 몸을 녹였다. 동양에만 목욕탕 문화가 있는 줄 알았는데 미국사람들도 온천을 무척 좋아하는 것 같다.

우리는 내일 팜 스프링스에서 라스베이거스로 향한다. 아내는 이곳에서 보낸 시간이 즐거웠고 무척 그리울 것 같다고 한다.

덴버 가든 오브 갓

미국에서 가족들과 꼭 방문해야 할 도시
라스베이거스로 출발

라스베이거스로 출발하는 발걸음이 무척 무겁다. 이곳을 떠나기가 아쉽기도 하고 장차 지금까지 여행한 거리 중 가장 최장 거리를 가야 한다. 뒤에 카시트에 앉아 있는 아이들이 잘 견딜지 모르겠다. 무려 다섯 시간 정도 달려야 한다. 처음이라서 그럭저럭 한국과 다른 풍광 때문에 창가를 바라보며 잘 가는 것 같다. 조금 있으면 황량해 보이는 죽음의 계곡(Death Valley)을 가로질러 라스베이거스에 도착한다. 죽음의 계곡은 여름이면 섭씨 50도에 육박하는 곳으로 무척 더운 지역 중에 하나이다.

라스베이거스에서 우리는 프라이스 닷컴이라는 괜찮은 어플로 아주 비싼 호텔을 저렴하게 예약했다. 보울더라는 호텔인데 라스베이거스 메인 스트리트에서 차로 5분 정도 떨어져 있다. 가격대는 저렴하지만 보울더 뷔페와 그 안에 카지노는 최상급이고 사람도 굉장히 많다. 우리는 16층 객실에서 머무는데 전망이 한눈에 다 보인다. 그

팜 스프링스 케이블카에서 내려다본 경치

냥 호텔에만 있기가 아쉬워서 대충 짐을 챙기고 밖으로 나왔다. 우리가 간 곳은 서커스 호텔인데 그곳에서는 한 시간에 한 번씩 서커스 공연을 하고, 호텔 내에는 게임도 할 수 있는 시설이 잘 갖춰져 있다. 우리는 서커스를 한번만 보니 너무 아쉬워 또 보기로 했다. 서커스는 매번 바뀌었다. 한 아이 엄마는 자기 아이와 함께 오랜 동안 게임을 하는데 그 모습이 마냥 이상하게 느껴지지 않았다. 아마 게임의 도시 라스베이거스여서 그런 것 같았다.

  늦은 밤이 되기도 했고 너무 피곤해서 숙소로 돌아왔다. 그 날 밤은 숙소에 들어가기 전에 카지노에서 서비스로 나오는 주스 두 잔을 가지고 숙소로 올라갔다.

라스베이거스
본격적으로 구경하기

아침부터 우리는 부랴부랴 서둘렀다. 어제 못 봤던 라스베이거스 시내를 구석구석 돌아다니기로 했기 때문이다. 사막 한복판에 이렇게 큰 도시를 세웠다는 게 참 신기했다. 또한 인구가 제법 많다는 것에 또 놀랐다. 라스베이거스라는 거대한 도시가 형성된 유래는 다음과 같다. 서부에 금이 발견되어 너 나 할 것 없이 모두 서부로 향한다. 저 바다 건너 유럽에서조차도 미국 서부로 금을 캐러 갔었다. 그런데 가는 중에 대부분의 사람들이 난관에 부딪혔다. 그리고 많은 사람들이 이 사막에서 더위와 갈증으로 죽어갔다. 그런데 이곳에 오아시스가 발견되어 가까스로 목숨을 건진 한 사람이 있었다. 그는 이곳에서 물을 팔기로 했다. 이곳에 온 사람들은 더운 사막 날씨와 갈증에 물을 먹지 않을 수가 없었다. 그 사람의 물장사는 성공적이었다. 그는 이곳에 정착하여 작은 모텔을 짓기로 하고 서부로 가는 사람들에게 숙식을 제공했다. 그것이 모태가 되어 지금의 라스베이거스가 형성되었다고 한다.

나는 지금도 학생들에게 라스베이거스 탄생 배경을 이야기해 준다. 그러면 학생들이 귀를 바짝 세우고 눈은 커다랗게 뜨고는 고분고분 잘 경청한다. 현재로 말하면 두바이에 도시를 건설하는 것과 비슷했을 것으로 생각한다. 라스베이거스의 베네치아라는 곳에 주차를 하고 지상으로 올라왔다. 이탈리아 베네치아를 본떠서 만든 베네치

라스베이거스의 베네치아 건물 천정사진

아라는 라스베이거스의 호텔은 이탈리아 베네치아의 축소판이라 할 수 있다. 밑으로 물이 흐르고 배도 다니고 아주 아름답다. 맞은 편 엠지엠(MGM) 호텔 앞에서는 밤마다 음악 분수 쇼가 펼쳐진다.

우리는 라스베이거스를 여기저기 돌아보는 중에 중국 춘절을 기념하여 중국 관광객을 맞이하려고 중국식 커튼과 중국식 전등으로 장식해 놓은 것을 보고 중국의 영향력을 새삼 실감할 수 있었다.

사진을 원 없이 찍고 다시 맛집에서 맛있는 음식을 먹기 전에 디저트로 작은 마트 같은 곳에서 커피와 빵을 샀다. 그것을 먹으며 대리석 계단에 앉았다. 아이들은 신나게 이러 저리 뛰어다니며 논다. 어느새 해가 뉘엿뉘엿 지고 밤이 되었다. 이곳은 낮보다 밤이 더 화려

라스베이거스의 에펠탑

한 곳이다. 쇼핑도 하고 식사도 한 후 마지막 한군데를 더 가기로 했다. 그곳은 마치 그리스신화에 나오는 바다의 신과 불의 신이 싸우는 쇼를 하는 곳처럼 되어 있는데 밑에는 커다란 수족관이 있어 그 옆에 의자가 있어 사람들이 잠깐 쉬었다 갈 수 있게 했다.

쇼가 시작되었다. 제우스가 나와 불을 질렀다. 모든 게 불에 타는데 바다의 신이 불타는 성을 살리는 장면이다. 결국 그 성은 멸망하고 만다. 실제적으로 분수대에서 불이 솟으니 따뜻함이 느껴진다. 불쇼를 보고 숙소로 돌아와 내일을 준비했다.

라스베이거스에서의 마지막 날 오전엔 트리프트숍에 들려 살 만한 것은 없는지 여기저리 돌아보았다. 그러고 나서 아이들이 가장 즐거워하는 키즈 플레이그라운드를 갔는데 우리나라의 키즈카페 같은 곳이다. 그런데 여기에 아이들이 들어가려면 복잡하고 까다로운 절차를 거쳐야 한다. 신분증을 조사하는가 하면 아이들이 예방접종이나 최근에 질병에 걸린 적은 없는지 다 작성해야 한다. 그만큼 아이들의 건강과 안전을 최우선으로 한다는 느낌이 들어서 절차에 따르기는 복잡했지만 신뢰감이 들었다.

아이들과 실컷 논 후 우리는 정다운 라스베이거스를 뒤로 하고 그랜드 캐니언으로 향했다.

미국 경제 부양의 시초가 된
후버댐을 지나 그랜드 캐니언으로

차창 밖으로 보이는 길거리에 여전히 사람들이 무척 많았다. 어느 정도 달리니 라스베이거스가 속해있는 네바다 주와 그랜드 캐니언이 속해있는 애리조나 주의 경계에 도착했다.

갑자기 큰 호수가 보이기 시작했다. 이 호수가 바로 인공적으로 만들어진 그 이름도 유명한 후버댐이다. 후버댐은 라스베이거스의 동남쪽으로 20km 정도 떨어져 있고 북쪽으로는 바로 애리조나 주와 연결되어 있다. 후버 대통령 때 건설되어 후버댐이라 부르고 많은 영화에서도 이 댐이 배경으로 나온다. 최근에 본 영화 샌 안드레아스에서 댐이 무너지고 물이 범람하는 장면은 지금도 생생하다. 후버댐 위에 서서 밑을 보니 정말 아찔하다. 한편으로는 벽을 곡선형으로 만들어서 마치 미끄럼을 타고 내려가면 어떨까 하는 엉뚱한 상상도 해본다. 이 댐은 참 많은 일을 해냈다. 지금은 많은 사람들이 찾는 관광 명소로 유명하고 미국 서부와 라스베이거스 주변에 물을 공

거대한 후버댐

급하는 중요한 생명수이다. 1940년대에 발생한 미국의 경제 대공황 때에는 이 댐의 건설이 미국의 경기를 부양시키는 원동력이 되었다는 이야기도 있다.

우리는 후버댐을 뒤로 하고 그랜드 캐니언에서 차로 한 시간 정도 떨어진 윌리엄스로 향했다. 윌리엄스에 숙소를 잡을 예정이었는데 이곳에 가면서 갑자기 깜짝 놀랐다. 날씨가 초겨울 날씨로 변한 것 같아서였다. 밤중에 도착한 윌리엄스는 하얀 눈으로 뒤덮여 있었다. 갑자기 겨울로 접어든 기분이었다. 오늘 만큼은 아주 따뜻했기에 그동안 거추장스럽게 입고 다니던 두꺼운 외투도 잠시 벗어뒀던 터였다.

여기 숙소 사장님은 인도에서 이민 온 부부로 무척 친절하시다. 숙소에서 레인지가 필요했는데 쓰고 있던 것을 직접 빌려주셨다. 이곳 세탁소에서 동전을 넣고 세탁을 한 것도 기억에 남는다. 이 마을은 전형적인 서부 개척시대에 있었음직한 마을을 느끼게 한다. 고층건물은 하나 없고 마치 서부시대로의 여행을 하는 기분이다. 오늘 도착한 숙소에서 잠을 자고 내일 일찍 그랜드 캐니언으로 향하기로 했다.

라스베이거스 인근의 젖줄

신이 남겨 둔 세계적 자연유산
그랜드 캐니언으로

아침부터 숙소를 나서니 숙소 주변에 눈이 하얗게 쌓였다. 주성이는 어디서 눈삽을 가지고 와서 눈을 힘껏 치우고 있었다. 우리는 서둘러서 그랜드 캐니언으로 향했다. 가는 길은 들판에 쌓인 눈과 나무가 적절히 조화를 이루며 아름다운 풍광을 연출하고 있었다. 한 시간 20분 정도가 지나 그랜드 캐니언 남쪽 사우스림이라는 곳에서부터 그랜드 캐니언 여정을 시작하기로 했다.

그랜드 캐니언은 총 네 개 지역으로 나뉘는데 북쪽인 노스림은 그랜드 캐니언을 거의 반 바퀴 돌아야 갈 수 있어 네 시간 정도가 걸린다고 한다. 어떡해서든 갈 수야 있겠지만 아이들을 데리고는 어렵겠다 싶어 거기만 빼고 다 돌아 볼 예정이었다. 여기는 셔틀 버스를 운영하므로 자기가 내리고 싶은 곳에 내려서 구경하고 다시 올라타면 된다. 어디선가 들은 이야기인데 이곳에 야생노루가 산다고 한다. 이곳에 사는 야생노루를 보면 그 날은 아주 운이 좋은 날이고 1년 내

내 행복할 거라고! 정말 우리가 야생노루를 볼 수 있을까 하는 기대
감에 차있었는데 그런데 잠시 버스를 타고 즐기는 중에 이게 꿈인지
생시인지 바로 1미터 앞에 자연에 사는 노루가 앞에서 풀을 먹고 있
는게 아닌가? 연신 카메라 셔터를 눌러 댔다. 와! 나에게도 이런 행
운이 오다니!

　그랜드 캐니언에는 여러 뷰포인트가 있는데 그중 가장 아름다운
풍경을 찍을 수 있는 뷰포인트에서 사진을 찍었다. 그리고 나서 밑
을 보니 이 광경은 후버댐은 저리가라 할 정도였다. 자연은 참 장엄
하고 위대하다. 그래서 자연과 인간이 만든 구조물은 비교할 수가
없나보다. 어떻게 이런 자연물이 만들어지는지! 그랜드 캐니언을 여
러 번 와 보았는데, 사랑하는 가족과 함께여서인지 더욱 웅대하고
아름답게 보였다.

감탄!

가르치는 과목이 과학이다 보니 학생들에게 이런 자연을 설명하고 그 생성과정을 알려 줄 때가 많다. 홍수설과 융기설이 가장 크게 주목 받는 설인데 나는 개인적으로 홍수설을 지지한다. 오래 전에 많은 비가 전 지구상에 내려 바다가 범람하고 생각할 수 없는 큰물이 이런 대협곡을 만들었다는 게 홍수설이다. 그 큰물이 휘감아 돌면서 많은 골짜기를 만들었고 그때 떠내려 온 조개나 새우화석들을 그랜드 캐니언 여기저기서 볼 수 있다. 참 놀라운 일이 아닐 수 없다. 이곳에서는 300불 정도만 주면 헬기를 타고 그랜드 캐니언을 둘러 볼 수도 있고 돈을 더 주면 경비행기를 타고 하늘 아래서 입체적으로 볼 수도 있다.

너무 돌아다닌 나머지 금방 배가 출출해졌다. 돌이라도 먹을 수 있겠다 싶을 정도로 배고픔이 몰려온다. 근처 휴게실에 들렀는데 이런 비장한 자연에서 피자를 구워서 파는 곳이 있어서 새삼 놀라웠다. 고민할 것도 없이 우리는 피자와 콜라를 시켰다. 너무 맛있어서 허겁지겁 먹었다. 100불을 준다 해도 또 사먹고 싶을 정도로 맛있었다. 가족들과 그랜드 캐니언 맨 위에서 찍은 사진은 두고두고 남을 것 같다.

　날이 어느새 어두워져 윌리엄스로 돌아오는 길에 아쉬움이 많이 남는다. 언제 또 여기를 와보나 하는 마음이 들었고 도장이라도 새기고 와야 하나 하는 마음도 든다. 그러나 잠시 후 중앙분리대도 없는 길을 어두운 밤에 운전하려니 언제 여기를 빠져 나오나 하는 걱정스러운 마음으로 바뀌었다. 내일은 윌리엄스를 돌아본 후 세도나에 갔다가 가장 먼 여정인 뉴멕시코 주 산타페로 간다.

볼텍스가 가장 강한 지역 세도나를 지나
뉴멕시코 주 산타페로

아침 일찍 주성이는 어제처럼 숙소 앞에 쌓인 눈을 쓸고 있었다. 호텔주인은 괜찮다고 쓸지 말라고 했지만 주성이는 재미있는지 마치 자기 집인 것처럼 계속 쓸었다. 윌리엄스를 떠나기가 아쉬운 우리 가족은 마더스 하이웨이인 66번 도로를 배경으로 기념사진을 찍고 출발하기로 했다. 66번 도로는 미국 LA 서부에서 시카고까지 이어지는 도로이다. 미국 근대 산업발전에 지대한 영향을 준 도로이다.

세도나를 가는 중에 하얀 눈 세상이 나타났다. 마침 주성이가 소변이 급하다고 해서 내려서 용변을 보게 했다. 하얀 눈밭을 보니 신이 났는지 나뒹굴며 논다. 나도 덩달아 동심으로 돌아가 눈밭에 벌러덩 누웠다. 아내는 급히 사진을 찍으며 이 시간을 추억으로 간직하고 싶어 했다. 이런 눈밭에 누워 본적이 30년도 더 된 것 같다. 요즘엔 눈밭에 아이들이 누워서 뒹굴면 말리는 추세다 보니 요즘 아이들은 이런 경험조차 흔하지 않은것 같다.

눈밭에서 벌러덩~

조금 더 가니 세도나가 가까운지 날씨가 더워지는 것이 느껴진다. 세도나는 세계에서 지구의 볼텍스가 가장 센 곳이라 한다. 그래서 이곳엔 볼텍스를 늘 받고자 하는 사람들이 많다고 하고 건강을 위해 이곳에 정착해 사는 사람도 많다고 한다. 한 가지 더 특이한 것은 세도나는 자연친화적인 도시라는 이유로 맥도널드의 마크가 초록으로 그려져 있는 점이 특이하다. 세도나 관광안내소에 들러 이곳의 과거와 현재, 미래 비전을 알아보고 어떠한 동식물들이 서식하는지 알아보는 좋은 시간이었다. 그러다 보니 오후 3시가 되었다.

이번에는 가장 먼 여정인 뉴멕시코 산타페까지 가는 여정을 앞두고 있었다. 산타페까지는 무려 여덟 시간이나 걸린다. 운전도 번갈아 가면서 해야 했지만 아이들에게 뭔가 재미있는 게임을 가지고 오지 못한 게 아쉽다. 아이들이 뒤척이기 시작한다. 가는 도중 소율이는 울기도 하고 지쳐서 자기도 했지만 주성이는 제법 인내심을 보였다. 우리는 여러 가지 게임을 해본다. 들판에 소가 몇 마리인지 세어 보기, 손가락으로 하는 두더지 게임, 노래 부르기, 잠자기 이것저것 해봐도 도착하려면 세 시간이 더 걸릴 것 같았다. 처음엔 경찰

에게 걸릴까봐 무서워 아이들을 카시트에서 꼼짝 못하게 하고 있었는데 이제 어느 정도 요령이 생겨 아이들을 풀어 주기도 했다. 하지만 경찰에게 걸리면 각오해야 한다.

가끔 이런 생각이 든다. 비행기 열두 시간 타는 것보다 차로 여덟 시간 이동하는 게 더 힘들다. 그럴 때면 두 마음이 든다. 조금만 더 가자, 조금만 더 가자, 그러다 보면 도착할 것이다. 또 다른 마음은 좀 늦더라도 쉬다 가자였다. 처음엔 무작정 빨리 도착하기만을 바라고 달렸는데 그건 모두에게 좋은 방법이 아니라는 것을 깨달았다. 그러다 보면 모두가 차 안에서 힘들어 하기 때문이다. 그래서 그 이후부터 두 시간마다 쉬기로 결정했다. 쉬면서 화장실도 가고 걷기도 하고 음식도 사서 먹고 즐기기로 했다. 왜 진작 이렇게 여유롭게

가는 곳마다 머물고 싶은 곳

하지 못했지 하는 후회스러움이
밀려온다. 아이들과 차 안에서
놀아 주노라면 차라리 운전하는
것이 편할 때도 있다.

이렇게 저렇게 시간을 보내고
드디어 산타페 숙소에 도착했
다. 산타페는 미국에서 가장 오
래된 도시이고 뉴멕시코의 주도
라고 한다. 과거 인디언문화가
그대로 보존되어 있어 어딜 가

앞으로 8시간

도 인디언 마을에 온 기분이다. 너무 늦은 시간 도착해서 우리는 숙
소에 도착해 바로 비상식량으로 가져온 라면을 끓여 먹었다. 지금까
지 어디서 먹은 라면보다 가장 맛있었다. 산타페에 잘 도착했다고
외삼촌과 이모에게 연락하고 잠자리에 들었다. 내일은 산타페 시내
구경을 한 후에 덴버로 떠난다. 덴버 또한 여덟 시간 정도 예상해야
한다.

두 살 소용이 다섯 살 주성이 배낭여행 가다

미국의 살아있는 인디언 마을
산타페를 둘러본 후 덴버로 향하여

이른 아침 숙소를 나섰다. 산타페에는 유명한 미술관과 고택들이 많다. 집들은 마치 한국의 황토집 비슷하다. 하지만 한국과는 다르다. 외관부터 황토로 잘 빚어 만든 모양이다. 지금도 인디언 후예들이 여기에 마을을 형성하여 산다고 한다.

산타페에는 유명한 예술가들이 많이 정착하여 그들만의 독특한 미술품을 전시하기 위해 개인적으로 미술관을 짓고 사람들에게 관람을 시켜준다. 그 중에 조지아 오키프라는 아티스트가 있다. 조지아 오키프는 뉴욕에서 작품 활동을 하다가 여기 산타페라는 도시에 반하여 여기에 정착하게 된 미술가이다. 이곳에는 그녀의 미술관도 함께 자리 잡고 있다. 그녀의 미술품을 감상하노라면 얼마나 산타페를 사랑했는지 알 수가 있다. 산타페에는 또한 미술품, 청동으로 만든 동상 같은 형태미술, 설치 미술품도 많다. 인구는 뉴멕시코에서 네 번째로 많은 도시로 70만 정도가 살고 있다. 이곳은 미국 속의 스페

오키프 미술관의 나무와 나무 그림자

인도시로도 유명하다. 미국 초기 개척시대에 스페인 이민자들이 동쪽에서 서쪽으로 이동 중에 여기에 터를 잡고 살았다고 한다.

산타페 구경을 더 하고 싶었지만 해가 지기 전에 다음 목적지로 출발하기 위해 오후 3시쯤 버거킹에서 햄버거로 요기를 하고 다시 길을 달리기 시작했다. 덴버로 가는 길은 참 변화무쌍하다. 드넓은 초원을 지나면 바위산이 나오고 또 큰 강줄기 위를 지나가기도 한다. 들판에서 한가로이 풀을 뜯고 있는 소들을 보면서 이곳의 평화로운 정취가 느껴진다.

곧 10년 만에 이모를 뵌다는 생각에 마음이 뭉클해졌다. 이모가 어떻게 변했을지 궁금하기도 했다. 이모님 댁에 다다른 순간 어디로 가야 할지 찾을 수가 없어 가까운 스타벅스 커피숍에서 전화를 했다. 이모님이 받았고 바로 여기로 나오신다고 한다. 레드 랍스터가 있는 곳이라고 했더니 여기서 10여 분 거리라고 하셨다. 10여 분이 지나니 이모님이 나오셨다. 이모님은 한국자동차 산타페를 몰고 오셨는데 자동차를 보면 알 수 있듯 이모는 지독한 애국자인 것 같다. 미국에서 40년 이상을 사셨는데 그간 한국차만 타고 다니셨다고 한

다. 한국자동차회사에서 특별히 관리해줘야 할 고객이라는 생각이 든다. 모든 가족은 LA에서 사시는데 직장 문제로 여기 덴버에서 거주하신다. 그 많은 시간 동안 외로움과 고독을 어떻게 견디어 내셨는지 궁금하다. 콜로라도 덴버대학병원에서 근무하시는 이모님은 인정이 무척 많으시기도 하다.

  우리 가족은 여기서 일주일을 머무를 예정이다. 나는 여기에 세 번 정도 온 것 같다. 미국에서 유학생활을 했을 때, 2006년도에는 누나, 여동생과 함께 이곳에 왔었다. 그리고 오늘 '내 식구' 여우 같은 아내, 토끼 같은 두 아이와 함께 다시 이곳을 찾았다. 그래서인지 덴버는 항상 제3의 고향 같은 느낌이다. 이모님 댁은 콘도 형태의 집으로 이층집이다. 우리는 이층에서 생활하기로 했다. 도착하

자마자 우리 집인 것 마냥 아이들은 뛰어 놀면서 재미 있게 시간을 보냈고 우리들 은 이야기꽃을 피웠다.

그런데 그 다음 날은 아내 가 심하게 몸살이 났다. 그 간 여행이 고단했는지 목감 기까지 온 것 같다. 아무래 도 오늘은 모든 일정을 취 소하고 집에서 푹 쉬어야겠

이모님 댁에서~

다. 아이들은 엄마가 아픈 줄도 모르고 사방팔방 뛰어 다니고 한국 에서 해보지 못했던 버블목욕도 즐겼다.

우리는 특별히 이모를 위해 한국음식을 해드리기로 했다. 일단 여 러 가지 식재료를 넣어 반죽을 한 후 프라이팬에 부쳐 김치부침개를 해먹었다. 그 다음 맛있는 LA갈비를 누룽지 밥과 함께 해 먹었다. 아주 근사한 저녁식사였다. 이모를 위해 직접 요리를 하니 뿌듯함도 있었다. 하루를 푹 쉬고 다음날 간 곳은 어린이 박물관인데 여기는 아이들이 체험할 수 있는 모든 것이 다 있는 것 같았다. 게다가 이런 것도 놀이일까 싶은 망치질하기, 너트 조이기, 줄 감기, 사다리 타 고 올라가기, 마술 부리기, 컵 넣기, 공 던져 풍선 터트리기 등 여러 가지 체험거리들이 많았다. 아이들이 신나게 노는 모습을 보니 더 있고 싶지만 이제 돌아갈 시간이 되었다.

정원에서 휴식

　돌아오면서 무엇을 먹을까 하다가 월남국수를 먹기로 했다. 미국에서 먹는 월남국수는 어떤 맛일까! 이모는 외식은 잘 하지 않는다고 한다. 그래도 가족들과 함께 하는 외식은 좋아하시는 듯했다. 식사를 마치고 다시 이모 집으로 돌아와 내일을 준비했다.

제3의 고향 같은
덴버에서 지낸 날들

    오늘은 덴버에서 40분 떨어진 웨스트민스터에 있는 버터플라이 파빌리온이라는 곳으로 간다. 이곳은 곤충과 도마뱀, 거미를 직접 만져 볼 수 있는 곳이라고 한다. 징그러운 거미에서부터 전갈까지 다 있다. 의외로 아이들은 무섭지가 않은지 곤충을 손바닥에 올려놓고 피식 웃어 보인다. 마치 자기는 무섭지 않다고 말하는 것 같다. 거기에서 체험을 하고 돌아오는 길에 트리프트숍에 들렀는데 그 동안 들른 트리프트숍 중에서 가장 크다. 얼마나 큰지 주성이, 소율이 와 나는 베스킨라빈스에서 아이스크림을 먹고 맥도날드에서 햄버거를 먹으면서 실컷 놀았는데도 여전히 아내의 장보기는 끝나지가 않는다. 뭐 그렇게 살 게 많은지!

    그렇게 덴버의 마지막 하루가 지나가고 있었다. 덴버에서는 이모가 여행경비로 쓰라고 1000불 이상을 줬다. 돈이 충분해지니 여행하기에 마음이 든든했다.

파빌리온의 나비

미국 유타 주의 대표 국립공원
아치스 파크를 향하여

오늘 이모님과 일식집에서 음식을 함께 먹고 헤어진다. 가기 전에 트리프트숍에 다시 들러야 한다. 어제 사왔던 DVD가 나오지 않는다고 하니, 옷으로 교환해 준다고 한다. 덴버에서 다시 떠나려고 하니 정말 싫었다. 왔던 만큼의 여행을 다시 해야 한다. 다시 여정을 시작할 생각을 하면 답답하기도 하고 두렵기도 하다. 그렇지만 예정된 길을 가야 한다는 게 우리 모두의 의견이었다. 이모님 또한 우리를 보내기가 못내 아쉬운 듯 더 쉬고 가라고 말씀하신다. 해가 지기 전에 록키 산맥을 넘어가야 한다. 해가 지면 날씨가 어두워져 도로가 잘 보이지 않고 또 기온이 내려가 도로가 빙판길로 되면 사고가 날 위험성도 있기 때문이다. 이모와 작별인사를 하고 출발했다.

가는 동안 눈이 내리기 시작한다. 조금씩 두려운 마음이 든다. 이 여행을 진행하는 선장으로서 또는 가족을 지켜야 하는 가장으로서 "그냥 내일 출발할 걸." 하는 마음도 들고 이모 말씀대로 "그냥 덴버에 계속 있다가 며칠 후에 출발할 걸" 하는 마음도 들었다. 이 차에는 나만 있는 게 아니고 우리 가족이 타고 있으므로 더 깊게 생각해야 한다. 이보다 더한 무거운 책임감이 어디 있을까? 조금 가다가 산 하나를 넘는가 싶더니 금방 또 하나의 산이 나오고 또 조금 있다가 또 산이 나온다. 산을 30개 이상은 넘은 것 같다. 앞으로 몇 개의 산을

설경

더 넘어야 할지! 다행히 지금까지는 미끄러지거나 어떠한 일도 일어나지 않았다.

날은 이제 어둑어둑해지고 있다. 저 멀리 서쪽 하늘은 아름다운 노을이 붉게 드리워져 있다. 해가 진다는 게 이렇게 걱정되기도 했나 싶다. 배를 운전하는 선장의 마음도 어느 정도는 이해할 것 같다. 세찬 폭풍우가 불어 파도가 출렁일 때 얼마나 걱정스러웠을지! 어느새 날은 어두워지고 밝은 전등이 환히 비치는 어느 마을에 왔다. 물어보니 아스펜이라는 마을이란다. 네 시간 이상을 달려온 것 같다.

허기도 좀 달래고 화장실도 좀 다녀올 겸 이 곳에서 쉬려는데 아내가 핸드폰이 없어졌다고 야단이다. 핸드폰이 없어지면 그 이후로 일어날 일은 뻔하다. 급한 일이 생겨도 연락도 못 하고, 핸드폰으로

이 풍경에 탄성이 절로 나온다

눈구름이 몰려온다.

숙소도 못 잡을 것이다. 하지만 그런 것들은 다른 것으로 대체가 된다. 핸드폰을 분실해 가장 속상한 것은 지금까지 미국 여행 중 찍었던 사진을 모두 잃게 되는 것이다. 떠날 시간이 가까이 오는데 핸드폰 분실로 시간은 자꾸자꾸 지체가 된다. 이러다가 여기서 숙소 잡고 자야 하는 건 아닌가 싶었다. 이참에 여기 아스펜에 머무는 것도 좋을 것 같았다. 이곳은 겨울에 스키의 천국이라는데 구경도 할 겸 머물까 하는 생각도 잠시 했다. 아스펜은 사계절 스키의 도시라서 많은 사람들이 스키를 타기 위해 모여들어서인지 사람들이 제법 많다. 하지만 우리는 그것과 상관없이 아직 핸드폰을 찾지 못해서 걱정하고 있다. 열심히 핸드폰을 찾는 중에 아내가 큰소리로 "찾았다!" 하며 외쳤다. 자동차 의자와 차문 사이에 끼어 있는 것을 발견한 것이다. 얼마나 다행인지 안도의 한숨이 절로 났다. 그 후로 가볍고 즐거운 마음으로 다시 출발할 수 있었다.

한참을 달리다가 소율이가 너무 힘든지 차 안에서 울기 시작한다. 부모로서 안타까운 마음도 든다. 그래, 우리가 괜히 가자고 해서 아이들이 이 고생이네. 한편으로는, 그래, 즐거운 시간이 있으면 힘

두 살 소율이 다섯 살 주성이 배낭여행 가다

든 시간도 있고 짜증나는 시간도 있어. 그러니 이 시간도 지나면 괜찮아지겠지 하는 마음이 들었다. 오늘의 목적지는 아치스 파크 옆에 있는 모압이라는 도시이다. 모든 여행자들은 아치스 파크를 가기 위해서 모압이라는 도시를 들른다고 한다. 아치스 파크는 내일 갈 예정이다. 그래도 오늘 아치스 파크 근처까지는 가야 내일 일정을 일찍 시작할 수 있다.

 드디어 콜로라도 주를 벗어나 한참을 달려 어렵게 숙소에 당도했다. 여기는 모압이라는 작은 도시인데 유타 주에 속해 있었다. 이모와 삼촌에게 잘 도착했다고 연락을 하고 숙소 오피스로 들어서는 순간 주성이와 소율이만 한 아이들이 보였다. 이런 시골에도 어린 아이들이 있다니. 무척 반가웠다. 주인이 이상한 사람이면 어떻게 하나 하는 항상 약간의 걱정을 하고 있었는데 다행히 좋은 사람이었다.

자연은 오랜 시간을 보내며
아치를 만들다

모압에서 5마일 정도 가면 191번 도로 옆 아치스 국립공원의 입구와 방문자 센터가 있다. 숙소에서 몇 마일 안 가서 긴 다리가 나오는데 이곳의 풍광이 너무 아름다워 그냥 지나칠 수가 없었다. 거기에서 내려서 산책하기로 했다. 거기서 모래로 이루어진 바위가 지금도 풍화작용을 하고 있으며 이것에 의해 아치가 만들어지고 있는 걸 발견했다. 여기도 이렇게 아름다운데 아치는 얼마나 아름다울까 싶었다. 아치스 국립공원 직원에게 사진 한번 찍어도 되겠냐고 물어보니 흔쾌히 찍으라고 해서 사진을 찍었다. 아마 그분은 그렇게 하면 아치스를 더욱 많이 홍보하게 되겠다는 생각이 있었을 것이다. 이곳에는 약 2000개가 넘는 샌드 스톤(Sand Stone)의 아치와 아름답고 기이한 락(Rock)이 많다. 에비뉴 파크를 지나 라살산을 조망할 수 있는 뷰포인트에서 망원경으로 줌 인하여 3877m 높이의 라살산을 담고 다른 뷰포인트로 이동하였다.

여기까지 왔는데 하나라도 빠짐없이 보려고 차로 열심히 돌아다
녔다. 양 옆으로 둘러 서있는 수직 암벽이 도시의 빌딩숲 같다고 하
여 뉴욕의 파크 에비뉴라는 거리 이름과 같은 이름이 붙여졌다고 한
다. 엄청나게 장엄한 모습과 태고 적 신비마저 느껴졌다. 1948년 이
후로 몇 십 개의 아치가 무너져 내렸다고 하니 지금도 아치가 생겼
다가 무너진 흔적들을 곳곳에서 찾아 볼 수 있다. 여전히 살아 움직
이는 공원이라 느껴진다. 여기 아치스 파크는 유타 주의 대표 국립
공원이기도 하다. 콜로라도에서 넘어올 때 간판을 봤는데 이 아치스
그림이 그려져 있었음을 이제야 깨우쳤다. 그러고 보니 유타주 자동
차의 번호판에도 이 그림이 그려져 있다.

아치스 파크에서 내려온 우리는 안내소 옆 주차장에서 길거리에
앉아 뜨거운 물을 부어서 컵라면을 먹기 시작했다. 이런 컵라면을

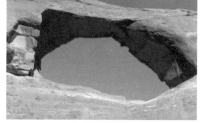
이게 아치로구나!

또 어디서 먹어 보겠는가. 아름다운 풍광과 맛있는 컵라면이면 세상에 그 어떤 값비싼 음식도 부러울 게 없다. 아무튼 대만족이다. 아이들도 매운 것도 아랑곳하지 않고 물에 한번 적셨다가 줬더니 잘 먹는다. 지나가는 외국인들이 엄지손가락을 치켜들어 보였다. 마치 우리에게 제대로 여행한다고 말하는 것 같다. 우리의 모습은 지저분해서 말이 아니었지만 마음만은 흐뭇했다.

우리가 온 날에는 눈이 많이 쌓였지만 아치를 만져 보기 위해 눈밭을 마다하지 않고 더 안으로 들어갔다. 차 안에 주성이가 곤히 자고 있는데도 특별히 아치를 만져보고 싶어서 더 다가갔다. 아치는 때론 보이는 것보다 더 멀리 있었다. 그 사이에 차에 있는 아이가 깨면 어떡하나 걱정도 들었다. 차에 아이를 혼자 두면 벌금을 내야 한다는 걱정이 들기도 했다. 이처럼 별의별 생각과 걱정이 머리에 들어왔지만, 이에 굴하지 않고 아치를 만져 볼 마지막 기회인 것 같아서였다. 드디어 도착해 가까이에서 아치의 밑부분을 만져보았다. 아치와 조우한 시간은 얼마 되지 않지만 감격스러웠다. 혹시 아이가 깨서 울고 있을지 모른다는 생각에 서둘러 뛰어 갔다. 다행히 아이들은 계속 곤히 잠을 자고 있었다.

소금호수를 끼고 발전한
유타 주의 주도 솔트레이크로 향하여

우리는 이제 유타 주의 주도
인 솔트레이크로 향한다. 솔트
레이크로 가는 시간도 만만치
가 않다. 어느 정도 달리는데 기
름이 떨어져 간다. 길을 가다가
주유소가 나오면 기름을 넣어
야 하는데 주유소가 보이지 않
는다. 조금 후 주유소 나오겠지
하는 생각에 기름을 넣지 않았
더니 계기판에 기름을 넣으라는
불이 켜졌다. 속도를 내지도 못

소금으로 끝없이 펼쳐진 소금사막

하고 그렇다고 멈춰 있을 수도 없고 참 애가 타는 순간이 두 시간은
지나간 것 같다. 한참 가다가 주유소가 보여 들어갔는데 이미 폐업
한 곳이었다. 별 수 없이 전보다 더 조금씩 거북이처럼 운전하기로

두 살 소율이 다섯 살 주성이 배낭여행 가다

했다.

드디어 주유소가 보이기 시작한다. 아주 작은 시골마을인데 주유소가 있었다. 자, 저기까지만 가면 된다. 설마 차가 멈추지 않겠지. 자, 조금만 더 조금만 더. 이 애타는 마음을 누가 알지! 드디어 주유소에 도착하는 순간 안도의 한숨과 그동안 좀처럼 나오지 않던 웃음이 한방에 다 튀어나왔다. 기름이 1리터에 만원이더라도 넣어야 할 판이었다. 그때 그 주유소가 얼마나 반갑던지 직접 경험해 보지 않으면 모를 것이다. 기름을 넣고 편의점에 들러 허기를 달랬다. 차도 그간 얼마나 고생을 했던지, 흰 차가 까매졌다. 그래서 자동차에게 너무 미안해서 어느 정도 세차를 한 후 출발하기로 했다.

몇 개의 고개를 넘어서 솔트레이크가 보이기 시작한다. 솔트레이크도 큰 도시인 것 같다. 그리고 위성도시도 꽤 많은 것 같다. 도시에는 이미 진입했는데 내비게이션에 목적지는 아직 더 가야 할 것 같다. 한참을 달려 호텔에 도착한 우리는 주린 배를 움켜잡고 인터넷을 검색한 끝에 한국음식점에서 푸짐하게 먹기로 했다. 막상 찾아가보니 한국음식점은 눈에 띄지 않았다. 미국에 와서 두 번째로 길을 잘못 들어섰다. 더 이상 배가 고파서 한국음식점은 찾아갈 자신이 없었고 그냥 가까운 오리엔탈 음식점에서 먹기로 했다. 우리가 마지막 손님 같았다. 태국요리를 시켜서 먹었는데 배가 심하게 고파서 그런지 생각보다 맛이 괜찮았다. 다행히 이 음식점에 잘 온 것 같은 걸 하면서 지금까지 한국음식점을 찾아 돌아다닌 고생한 마음을 달랬다. 다시 숙소에 돌아와 잠을 자고 아침에 출발하기로 했다.

끝이 보이지 않는 소금사막에서

가장 긴 여정인 네바다 주 북쪽에 위치한 리노를 향하여

숙소를 출발한 지 얼마 되지 않아 양옆으로 쭉 바다인지 호수인지가 펼쳐진다. 그리고 경계를 알 수 없도록 끝나지가 않는다. 두 시간쯤 달리니 이제 바깥 풍경이 소금사막으로 바뀌었다. 신기해서 내려서 보니 정말 소금이었다. 광활하게 펼쳐진 소금사막을 보며 답답한 마음도 없앨 심정으로 카메라를 들었다. 동영상으로 내달리는 모습을 찍기 시작했다. 옛날엔 여기가 바다였다니. 그런데 지금은 왜 없어졌을까? 지금은 어디로 갔지? 그리고 여기에 거대한 호수가 자리 잡게 된 이유는 뭘까? 주변에 그렇게 높은 산도 없는데 말이다. 이 같은 의문은 꼬리에 꼬리를 물면서 이어졌고 급기야 머리가 복잡해지기 시작했다.

어느 정도 가다가 휴게실에 들렀다가 다시 출발하려고 하니 뒤에서 아내가 우는 건지 우는 척을 하는 건지 심상치가 않았다. 그러고 보니 아이들도 우울해 하는 것 같았다. 나는 여행을 이끄는 선장으

로서 도저히 그냥 지나칠 수가 없었다. 아내가 뒤에서 아이들을 보는 것이 힘든가 싶었다. 그래서 차를 잠깐 멈췄다. "가족끼리 여행을 하는데 즐겁게 가도 부족할 판인데 왜 울어?" 하고 질문했다.

"아이들을 보는 게 힘들어. 차라리 운전을 할래."

아내가 말했다.

"나도 즐겁지 않아. 뒤에서 모두가 우울해 있는데 나는 즐거울 것 같아?"

이런 저런 대화가 오고 갔다. 결국 아내가 운전을 하기로 하고 나는 아이들과 함께 뒤에 앉기로 했다.

"내가 잘못했다. 내가 선장이니 좀 더 신경 써야 했는데."

정말 우리는 모두 지친 것 같은 생각이 들었다. 끊임없이 누군가는 해야 하는 운전, 쉴 새 없이 재잘거리며 어쩔 때는 운전석까지 넘

입 크기 자랑

어오는 아이들, 가만히 있지 못하고 이리 뒤척, 저리 뒤척하는 아이들 도저히 어떻게 할 수가 없어서 화도 낸다. 그래서 또 여러 게임을 생각해냈다. 두더지 게임, 살아있는 생명 찾기, 끝말잇기 등 별의별 게임을 다 찾아 하는데도 여전히 도착을 못하고 있었다. 얼마쯤 왔을까 멀리서 도시 같아 보이는 게 보이기 시작한다. 리노다.

"우와!"

저절로 환호성이 나왔다. 우리가 머물 숙소가 있는 곳. 리노에도 라스베이거스 못지않은 호텔들이 많다. 우리가 호텔에 도착하면 제일 먼저 하고 싶은 것은 몸을 깨끗이 씻고 호텔뷔페에서 음식을 실컷 먹는 것이다. 호텔에 도착하면 짐을 꺼내 숙소로 옮기고 씻고 밥 먹는 것이 하나의 코스였다. 미국에 와서 몇 번이고 하다 보니 몸에 배어서 이제는 자동이다.

이 호텔의 6층에는 커다란 수영장이 있다고 한다. 수영장에서 주성이와 나는 수영을 했다. 그 즐거운 마음도 잠시 소율이가 문틈에 발톱이 끼어 발톱을 다쳤다. 이제까지 여행하는 동안에 발생한 것 중 가장 큰 사고였다. 소율이가 신발만 신었어도 다치진 않았을 텐데 또한 아내가 안고만 갔어도 다치진 않았을 텐데 하는 아쉬움이 많이 든다. 소율이가 다치고 나니 화신이와 소율이는 물속에 들어오

저 따뜻한 물에 풍덩 들어가고 싶어

지는 못하고 나와 주성이가 노는 것만 지켜볼 수밖에 없는 신세가 되었다.

소율이는 금방 울음을 멈추고 응급처치를 받았다. 얼마나 아팠을까! 우리도 발톱이 살짝이라도 들리면 엄청 아픈데 아이라서 잘 못 느끼는 것은 아닐 테지만 어쨌든 금방 울음을 멈췄다. 그 사이에 주성이와 나는 튜브를 가지고 물속에서 재미있게 놀았다.

그리운 캘리포니아로
다시 컴백

리노에서 하루를 쉬고 다음 여정지 세크라멘토로 향했다. 세크라멘토는 캘리포니아의 주도이자 철도가 발달된 도시이다. 또한 캘리포니아의 관문 역할도 한다. 얼른 캘리포니아에 들어가고 싶었다. 지금까지 초록이 우거진 숲을 본 곳은 캘리포니아와 콜로라도가 전부인 것 같다. 새크라멘토에 도착하기 전까지 비도 많이 내리고 바람도 세차게 분다. 지금까지 지내온 역경을 생각하면 이것은 아무것도 아니다.

주성이가 가장 좋아하는 철도박물관이 이곳에 있었다. 철도의 중심지 새크라멘토에 도착해 올드타운으로 갔다. 샌프란시스코가 가까워서 그런지 비슷한 금문교들이 많다. 캘리포니아에 오니 반가웠다. 떠날 때가 엊그제 같은데 무려 한 달이 걸려 다시 도착했다. 새크라멘토 올드타운과 여기저기를 둘러보고 우리 숙소가 있는 샌프란시스코로 향했다. 비교적 가깝게 느꼈는데 세크라멘토에서 두 시

간을 더 간다. 이제 보니 지름길이 있는데 뺑 돌아서 도착하니 한 시
간이 더 걸렸다. 초행길인데다 날은 어두웠지만 어떻게 운전하는지
도 모르게 신들린 듯 운전해 도착한 것 같다.

캘리포니아 제2의 도시
샌프란시스코로

샌프란시스코 이정표가 보이기 시작했다. 이정표를 보니 과거에도 들어본 지명이 많이 있다. 서니베일, 산호세, 스탠포드대학교, 실리콘 밸리 익숙한 이름이다. 숙소에 도착하자마자 짐만 내리고 배가 고파서 가까운 인앤아웃버거점으로 향했다. 캘리포니아에만 있는 인앤아웃버거를 얼마나 먹고 싶었는지 모른다. 고생고생하며 한 바퀴 돌아와서 다시 먹는 햄버거라서 그런지 더욱 맛있었다. 매장 안에 가족 단위로 와서 먹는 사람들도 다 행복해 보였다.

"이 사람들은 우리가 지금까지 무엇을 하다가 이곳에 왔는지 모를 거야!"

이렇게 생각하니 기분이 묘했다. 평온한 시간을 보내왔을 이들과는 다른 우리의 처지가 가련하게 느껴지기도 했다.

우리는 숙소에 들어와 오늘은 푹 자기로 했다. 내일은 시내를 구경하고 그 다음날은 금문교와 피어39, 항구 등을 구경하기로 했다. 너무 피곤한 나머지 눈이 스르르 감겨 온다.

모녀 사이는 더 깊어지고…

아침에 눈이 살짝 떠졌다. 아직 더 자고 싶은 마음이 몰려온다. 추적추적 비가 오기 시작한다.

"오늘은 시내 구경을 하는 날인데 비가 올게 뭐람!"

그래도 예정되어 있는 일정을 포기할 수는 없고 무거운 몸을 이끌고 숙소를 나섰다. 여전히 비가 추적추적 내리는데 주성이는 고속전철을 탄다는 소리에 무척 좋아한다. 숙소에서 공항까지는 버스가 운행되고 공항에서 고속전철을 타면 된다. 비용은 조금 비싼 편이다. 성인이 왕복 7000원 정도 된다. 고속전철을 타고 샌프란시스코 시내 한복판에 갔다. 여기는 넓은 미국 땅이라기보단 좁은 한국의 시내같이 다닥다닥 붙어있고, 많은 고층 빌딩들이 하늘을 가리고 있었다. 시내를 걸으면서 피셔맨 워프, 야구장, 차이나타운 등 여기저기 가려고 했으나 아내가 오늘 컨디션이 좋지 않아 점심까지만 먹고 다시 숙소로 돌아가기로 했다. 그러다 못내 아쉬운 나는 아내만 먼저 숙소에 보내고 아이들과 샌프란시스코 공항투어를 하기로 했다.

샌프란시스코 국제공항은 그리 넓은 편은 아니지만 곳곳에 미술 전시, 아이들이 좋아하는 만화 캐릭터 전시도 하고 있었다. 공항 안

샌프란시스코 국제 공항

에 있는 음식점에서는 사람들이 줄지어 서서 맛있는 음식을 먹고 있었다. 그러던 중 주성이가 없어졌다. 나는 순간 놀랐지만 제자리로 돌아오겠지 하는 믿음이 있었기에 태연했다. 그러나 잠시 후 주성이가 경찰들과 함께 온다. 경찰들은 아이가 저만치서 혼자 울고 있어서 아이의 부모님을 찾았다고 해서 뜨끔했다. 경찰이 아이를 방치한 죄로 잡아 가지는 않을지 심히 걱정도 되었다. 다행히 경찰은 더 이상 그 문제에 대해 추궁하지 않았다.

우리는 한참 공항에서 카트도 타고 뛰어 다니며 서로 잡기놀이도 하고 놀았다. 그러다 아주 놀라운 장난감이 또 있는 것을 알았다. 공항 3층에 모노레일이 있는데 각 터미널마다 돌면서 사람을 내려주거나 태워준다고 했다. 거기다가 공짜라고 하니 나는 주성이가 좋아하겠다 싶어서 소율이와 주성이를 모노레일에 마음껏 태워 주었다.
시간이 늦어서 밖에 나와서 호텔차를 타고 숙소로 갔다. 오늘 오후
의 일정은 취소가 되었지만 그 대안으로 재미있게 보낸 것 같다. 내
일은 본격적으로 금문교와 피어 39를 보러 가기로 했다.

미국의 또 다른 얼굴
샌프란시스코 탐방하기

어제와 또 다른 날씨, 몸도 맘도 상쾌하다. 오늘은 한참을 달려 금문교로 먼저 향했다. 샌프란시스코 하면 금문교가 대표적인 것은 확실하다. 아침부터 사람들이 줄지어 서있고 많은 사람들이 이곳에서 관광을 즐기고 있다. 금문교는 직접 보니, 이야기를 들었을 때 상상했던 것보다 정말 거대했다. 그런데 이 다리가 최근에 지어진 것이 아니라 무려 70년 전에 지었다니 더욱 놀라웠다. 금문교에 내려서 다리 밑을 보기도 하고 다리 위를 거닐기도 했다.

다시 차를 타고 소살리토라는 한가로운 항구도시에 갔다. 수많은 요트들이 정박해 있었다. 그 곳에서 몇 장의 사진을 남겼다. 요트를 보니 정말 요트가 타고 싶고 요트를 가지고 있는 사람들이 부러웠지만 보는 것으로 만족해야 했다. 소살리토에서 샌프란시스코 만으로 이동하는 배가 있었다. 그걸 타려다가 그냥 다시 오기 뭐해서 차로 이동하기로 했는데 길을 헤매서 그런지 오클랜드에서 서니 베일 산

샌프란시스코의 명물 금문교

1915년 파나마 태평양 엑스포 기념물

호세로 돌아오는 코스를 택했다. 자동차는 한 시간 반을 지나 다시 우리가 익숙한 동네로 나왔다. 이곳은 실리콘 밸리가 있는 지역이고 유명한 한인 타운이 자리 잡고 있는 서니 베일이 있다. 또한 세계에서 유명한 스탠포드대학교도 여기에 자리 잡고 있었다. 모든 곳을 다 가볼 수가 없어서 아쉬웠다.

가는 도중에 우리는 길을 잃어 다시 부둣가 쪽으로 향했다. 피셔맨 워프는 원래 이탈리아 어부들이 정착하여 삶의 터전으로 삼은 곳인데 지금은 유명 관광지가 되었다. 야구장에서 부둣가를 따라 계속 거닐면 장식품 가게와 유명한 맛집들이 줄지어 있다. 더욱이 이곳에는 깨끗하고 푸짐한 해산물 요리가 많아 우리의 입맛을 자극한다. 여전히 우리들은 샌프란시스코의 자유와 분위기를 만끽하기에 부족하다. 그 중에 가장 사람이 많이 몰리는 레스토랑으로 우리는 들어갔다. 사람들이 줄지어 서있었는데 음식을 먹기 위해 30분 정도는 대기하는 분위기였다. 차례가 되어 자리를 배정 받았다. 기다리던 음식이 나왔다. 굴과 새우, 랍스터로 만든 요리인데 우리나라와 조리 방식에 차이가 있다. 우리나라는 이 같은 해산물을 삶거나 쪄서

금문교 주변

먹는 게 일반적인데 여기는 각종 소스와 여러 가지 조리 방식에 따라 만든 다양한 음식들이 나온다. 한 상 푸짐히 먹으니 남부러울 게 없었다.

오늘이 샌프란시스코에서 보내는 마지막 밤이다. 그런데 오늘 밤은 여기 사람들에게도 특별한 밤이다. 미국 최고의 스포츠 행사인 미식축구 개막식이 여기에서 열린다고 하니 벌써부터 차량행렬로 차가 붐비기 시작한다. 그런데 난감한 일이 일어났다. 여기는 큰 도시라 자동차 연료를 넣어야 한다는 것에 대해서 그다지 신경을 쓰지 않았는데 주유소가 이렇게 없을지 몰랐다. 더구나 미식축구 경기가 열리는 바람에 여러 차로를 막아서 주유소 찾기도 쉽지 않았다. 다시 왔던 길을 몇 번이고 뺑뺑 도는 기분이 들었다. 드디어 주유소를 찾았는데 역시나 기름이 배로 비쌌다. 하지만 울며 겨자 먹기로 넣지 않을 수 없어서 기름을 넣었다. 잠시 어디선가 폭죽 터지는 소리가 나더니 어두운 밤하늘이 오색 불빛으로 물들었다. 마치 샌프란시스코에서 마지막 밤을 보내는 우리를 위해 폭죽을 터트린 것만 같았다. 그것은 우리 생각일 뿐, 알고 보니 미식축구경기 축하 세리머니였다. 하지만 우리는 우리를 위한 세리머니였다고 믿고 싶다.

천혜의 환경을 그대로 간직한
몬트레이

　차로 한참을 달려 어두운 산기슭을 지나 몬트레이라는 곳에 도착
했다. 너무 어두워서 어디가 어디인지도 모르고 그저 숙소에 얼른
들어가 쉬길 바랐다. 아이들은 참 대단하다. 아이들에게는 우리가
생각지도 못했던 저들만의 즐거움이 있고 기쁨이 있는 것 같다. 그
들도 지금 아이들만의 눈높이에서 여행을 즐기는 것 같다. 또 다른
숙소에 도착할 때면 침대 위에서 뛰는데 언제나 세상에서 제일 즐거
워 보인다. 그런 모습을 바라보는 부모의 마음은 참 흐뭇하다.

　어느 부모가 이런 기분을 좋아하지 않을까! 단지 시간이 없어서 여
건이 안 되어서 아이들의 마음을 다 헤아리지 못하는 게 부모의 한
이라면 한이고 부족함이라면 부족함일 것이다. 그러나 그렇게 자책
할 필요는 없을 것 같다. 부모라는 이름으로 얼마나 아이들에게 의
지가 되고 힘이 되는 지, 있어 주는 것만으로도 힘이 될 것이다. 아
이들 또한 여러 나라를 여행하면서 같은 부모지만 다양한 부모의 모
습을 보곤 한다. 살아있어도 시간이 없어서 어떤 이유에서든 자녀들

한눈에 반해버린 몬트레이 해변

과 같이 있어주지 못하는 부모
도 많다. 부모의 모습은 어쨌든
매우 다양한데 지금의 내 모습
이 부모로서 괜찮은지 자신에게
질문을 던져 본다.

바다를 너무 좋아하는 아이들

　나는 최근에 영화 아메리칸
셰프를 보면서 진한 감동을 받
았다. 거기서 나오는 주인공 칼
은 남편의 역할도 제대로 못해
이혼을 당했고 주말에만 만나는
아들에게도 좋은 아버지가 되지 못한다. 사회생활에서나 인간관계
에서도 그다지 성공적이라고 말할 수 없지만 음식을 만드는 것만큼
은 커다란 자부심을 가지고 있다. 레스토랑 주방장으로서 음식에 대
한 선정 문제에 있어서 사장과의 마찰로 인해 결국엔 직장을 그만두
고 푸드 트럭을 운영하기로 한다. 아내의 부탁으로 남미출장에 따라
간 칼은 아들과 함께 낡은 푸드 트럭을 개조해 쿠바샌드위치를 팔기
로 한다. 늘 아빠와 함께 보내는 시간이 부족했던 아들은 이런 아빠
의 모습에도 마냥 행복한 것 같다. 이 부분에서 같은 아버지로서 크
게 공감했다. 낡은 푸드 트럭이지만 아버지와 아들이 함께 청소하고
꾸미며 손님들을 위해 샌드위치를 준비하는 모습이 나에게 강한 인
상을 남겼다. 영화에서 아들은 아빠를 너무 소중히 여긴다. 비록 그
들이 함께 하는 트럭은 낡고 보잘 것 없는 트럭이지만 이곳에서 부

자지간의 사랑과 영원히 잊지 못할 추억이 생성되는 소중한 장소인 것이다. 그렇다. 나는 아빠로서 아이들에게 세상에서 가장 좋은 것, 세상에서 가장 멋진 것을 아빠라는 이름으로 다 해 줄 수 없지만 하찮은 재료와 누추한 장소도 아이들과 함께 할 수 있다면 이처럼 함께할 수 있는 시간이 최고의 시간이라는 것에 동의했다.

숙소에서 한국의 가족들에게 연락을 해야 하는데 와이파이가 되지 않아 좀 답답했다. 하룻밤이니 그냥 넘기기로 했다. 여기도 풀장이 있었다. 풀장에 들어가 몸을 녹이고 하루의 피로를 푸는 것은 이제 일상화가 되었다. 내일은 또 어떤 일들이 우리에게 일어날지 하는 막연한 기대감 속에 잠자리에 들었다.

존 슈타인 백의 '통조림 공장 골목' 주 무대 몬트레이

아침 시계소리에 맞추어서 일어나 밖에 나갔다. 밖은 아주 고요했다. 아침식사를 간단하게 빵과 주스와 우유 등으로 하고 가까운 해변에 나가보았다. 여기 해변은 다른 해변과 사뭇 달랐다. 일단 사람의 손길이 미치지 않아서 그런지 고요했다. 해변이라고 하면 사람들로 붐비는 그런 장면만 보다가 사람 한 명 찾아볼 수 없는 곳에 오니 이 또한 매력적이었다. 10분 정도 걸어가니 파도가 넘실거리는데 파도가 10m는 훌쩍 넘는 것 같았다.

미국의 서부와 중서부를 뺑 돌아 다시 서부의 해안을 보니 감회가 새롭다. 또한 지금까지 여행의 장면들이 하나둘 머리에 스치며 지나간다. 바다는 언제 봐도 나의 마음을 평안케 해주고 봐도 봐도 질리지 않는다. 이유를 묻는다면 바다는 언제나 다른 모습을 하고 있어서인 것 같다. 때로는 잔잔하게 때로는 거칠게 가만히 있는 건축물, 산을 보다가 언제나 끊임없이 요동치는 바다를 보면 지루함을 느낄 수 없다.

초록색 식물들이 군락을 이루고

몬트레이는 노벨 문학상을 수상한 작가 존 슈타인 백의 작품인 '통조림 공장 골목'의 주 무대가 되는 곳이기도 하다. 존 슈타인 백은 1962년 노벨문학상과 퓰리처상을 함께 수상한 몇 안 되는 작가이기도 하다. 독일계 아버지와 교원인 어머니 밑에 태어난 존은 독학으로 스탠퍼드대학교 생물학과를 들어가지만 여러 가지 이유로 중도 포기하고 글을 쓰기 시작하면서 막노동으로 생활을 유지한다. 이 책은 전쟁으로 피폐해진 시대를 배경으로 통조림 공장 골목에 사는 사람들의 이야기를 유쾌하게 풀어낸다. 가난하고 순수한 사람들이 만들어 내는 삶의 다양한 모습을 보여준다. 그 후 다시 활기찼던 마을의 모습은 공장이 수익성의 문제로 폐쇄되고 공장 노동자들도 하나둘 떠나가면서 조금씩 유령도시로 변해간다. 그러던 중에 이곳이 존 슈타인 백이 쓴 소설의 주 무대로 알려지고 사람들이 하나둘 모여들기 시작했고 관광객들이 해마다 늘어 이곳은 1년 내내 사람들로 북적 되는 곳이 되었다. 또한 이 곳 원주민들도 관광업에 종사하면서 마을의 활기를 되찾았다.

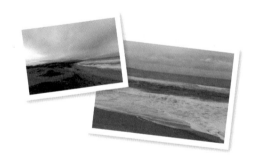

600Km가 넘는 캘리포니아 서부
해안도로와 물개 서식지

아쉽게 우리는 오늘 처음 출발지인 LA로 돌아간다. 그리고 며칠 후면 미국 여행의 종지부를 찍는다. 50일이라는 시간이 언제 갈지 몰랐고 과연 두 살, 다섯 살 아이를 데리고 떠나는 여행이 가능할까 싶었지만 어느새 종착지에 도착할 시간이 머지않았다. 우리는 하나라도 더욱 느끼고 보고 체험하기 위해 다시 마음을 다잡았다.

봐도 봐도 질리지 않는 청명한 하늘

이곳에 왔다면 가봐야 할 또 하나의 특별한 장소가 17마일 드라이브 코스이다. 프라이빗 코스라 비용은 10불 지불한다. 생각보다 비

오클랜드에서 샌프란시스코로 들어가는 다리에서

싸지 않았다. 매표소를 지나고 나니 눈앞에 나타나는 장면은 가히 상상할 수가 없었다. 태곳적 바다의 모습이라 해도 틀리지 않을 모습이다. 보기 힘들다는 해오라기와 무리 지어 날아가는 갈매기 무리를 보며 넘실대는 파도와 함께 어우러진 해안의 모습은 마치 어떤 예술가가 특별한 계획을 가지고 만든 것 같았다. 17마일인데 가는 곳곳마다 볼 곳이 너무 많아 조금 가다 멈추고 조금 가다 멈추고 하니 여행에 진도가 안 나간다. 차가 트래픽으로 인해 못 가는 경우는 봤으나 볼 게 너무 많아 가지 않는 경우는 참 드물다. 우리가 이런 곳을 다 보다니! 주성이 소율이도 보면서 느끼는 게 많았으면 했다.

"아! 여기가 화이트 샌드구나!"

연신 감탄이 나왔다. 사막도 아니고 해변이 온통 화이트 샌드라니! 우리는 계속 셔터를 누르며 마치 화보의 주인공이라도 된 것처

잠시 쉬고 있는 요트들

럼, 다시 신혼여행이라도 온 것처럼 촬영장면을 연출했다. 아주 황홀했다.

17마일 코스를 뒤로 하고 이제 세상에서 가장 긴 해안 고소도로라는 코스트 하이웨이에 진입했다. 아찔한 절벽에서부터 언제 넘어올지 모르는 바다, 푸른 하늘, 하얀 파도의 모습에 정말 눈을 뗄 수 없었다. 날은 점점 어두워지고 외숙모와의 약속이 생각났다. 지금 아무리 빨리 도착해도 밤 10시는 넘을 것 같은데 함께 저녁식사하기로 한 약속을 못 지킬 것 같았다. 또 이곳은 전화도 카톡도 되지 않는다. 꼬불꼬불 해안도로를 계속 내려오다가 아내가 멀미가 난다 해서 잠시 쉬었다. 가까스로 도착한 휴게소는 그나마 우리에게 위안을 준다. 이곳에 사는 한 아이를 만나 봤는데 참 대단한 장소에 살고 있었다. 앞쪽이 해안 절벽이고 뒤에는 산인데 그 가운데 휴게소에 산다고 한다.

"이런 곳에 놀 게 있을까!", "학교는 어떻게 다니는지!" 내가 생각해도 난 참 별걱정을 다한다. 100번 이상의 커브 길을 돌다 보니 이제 아름답던 경치는 아름답게 안 느껴지고 이 꼬불꼬불한 길이 언제 끝나나 하는 걱정으로 바뀌었다. 벌써 300km 정도를 내려온 것 같다. 여전히 300km는 더 가야 한다니 눈앞이 캄캄하다. 한참 시간이

바다사자

지나니 배가 고팠고 눈앞에 라면이 보인다. 라면은 잘게 부숴서 스프를 넣고 흔들었다. 그리고 한 입 먹으니 이 맵고 짭조름한 맛이 지금 이곳에선 최고의 요리이다. 입맛 까다로운 소율이도 그 맛에 반할 정도였다. 참 사람은 어떤 환경에 있느냐에 따라 잘 적응한다. 생라면으로 배를 채우니 배고픔은 어느 정도 사라졌다. 드디어 평지가 나왔다. 저쪽에 차들이 여러 대 주차돼 있어서 잠시 쉬어갈까 해서 차를 멈추고 내렸다. 그런데 바람이 장난이 아니었다. 바람이 얼마나 센지 땅의 모래마저 다 날아와 피부가 따갑다.

알고 보니 여기는 바다사자 자연 서식지였다. 이곳을 보지 않으면 평생 후회할 것 같아서 강한 바람을 등지고 주성이부터 소율이까지 다 데리고 차 밖으로 나갔다. 이불로 몸을 감싸고 바다사자 서식지 쪽으로 한 걸음 한 걸음 걸어갔다. 펜스 밖에 바다사자 200여 마리가 울어대고 있고 한 쌍은 서로 자웅을 겨루기 위해 싸우고 있었다. 동물의 왕국에서나 볼 수 있는 장면이 여기에서 펼쳐지고 있었다.

"거짓말이 아니었구나! 정말 저렇게 자연 생태계가 살아 있구나!"

우리가 여기 와서 보기까지 잘 있어준 바다사자들에게 고맙다는
말을 전하고 싶어졌다. 그 정도로 자연에 사는 동물들의 강한 생명
력에 감동을 받았다. 그래서 떠날 때는 바다사자에게 건강하게 잘
있으라고 인사를 했다. 이 생태계를 잘 보전해야겠다는 생각이 더
욱 마음에 사무쳤다. 그 바다사자와 함께 지구상에 살고 있다 생각
하니 너무 고마웠다. 더불어 사는 공동체라는 생각이 나를 더욱 흥
분되게 했다. 한없이 볼 수 없으니 이 마음을 가다듬어야 했다. 다
시 차에 올라타 한참을 달려 산타 바바라를 지나 드디어 LA 북부에
당도했다.

한국에서도 생각나던
LA 북창동 순두부집으로

그날 밤 10시, 다시 돌아온 LA가 이렇게 반갑게 느껴질 수가 없다. 아이들과 우리는 생라면 부숴 먹은 것이 전부인데 그때가 오후 2시 경이었으니까 지금까지 먹은 것이라곤 물밖에 없었다. 배가 너무 고파서 오로지 먹는 것 생각뿐이다. 이 시간에 무엇을 먹을까 생각하다가 이모가 처음 LA에서 사준 북창동 순두부가 생각났다. "아, 이곳에선 이게 최고야!" 모두가 만장일치다. 더구나 그곳은 24시간 영업이라 언제 가도 음식을 맛있게 먹을 수 있다. 아내는 아이들에게 먹일 조기를 생각하고 나는 이국에서 먹을 얼큰한 순두부를 생각하니 너무 행복하다. 도착하여 맛있는 순두부로 배를 채우니 11시 반이 훌쩍 넘었다. 밥 약속을 지키지 못해 미안해서 큰외숙모에게는 전화를 하지 못하고 다시 삼촌 집으로 향했다. 삼촌은 계시지 않았지만 제이미가 우리를 반겨 주었다. 잠잘 곳이 있으니 너무 큰 위안이 되었다. 삼촌 집에 사는 조이와 쎄씨도 우리가 반가운지 꼬리를 살랑살랑 흔들며 반겨 주었다.

삼촌이 아침 일찍 일어난
우리를 보더니 참 대단하다
고 했다. 미국에 사는 사람
들도 너희들처럼 50일 여행
하기가 힘들다는 것이었다.
삼촌이 그렇게 말씀하시니
우리가 정말 대단한 일을 한
것 같이 느껴졌다.

오늘은 오전에 쉬고 이곳
에서 마지막 쇼핑을 하기로
했다. 아내는 그간 여행의

이모와 교회 로비에서

피로가 쇼핑을 한다 하니 모두 날아갔다고 한다. LA 인근에 위치한
씨터델 아울렛으로 가기로 했다. 그곳은 여전히 많은 사람들로 붐비
고 있었다. 이 아울렛은 여기저기 가격이 저렴한 만큼 사람들이 꼭
가보고 싶어 하는 곳이다. 한국에서 유명한 브랜드를 저렴한 가격에
살 수 있는 절호의 기회이다. 가격이 얼마나 저렴한지 약 70~80%
할인가에 살 수 있다. 아디다스, 나이키, 코치 등 브랜드를 헤아릴
수 없이 물건이 많다.

우리들도 여기저기에서 물건들을 사고 나니 벌써 7시가 넘었다.
오늘 저녁은 그동안 우리 가족에게 편안히 쉴 곳을 만들어준 외삼촌
가족들과 식사를 함께 한다. 여기 미국 LA에서 산타아나는 한국음
식 먹기가 쉽지 않다. 그나마도 한인타운 쪽은 사정이 좀 나은데 여

큰 외숙모 가족과 함께

기는 여전히 한국음식 찾기가 쉽지 않다. 우리는 어렵게 서라벌이라는 음식점을 찾아 각자가 좋아하는 음식을 주문하고 그간 있었던 미국에서의 여행 이야기를 하며 즐거운 한때를 보내고 있었다.

내일은 삼촌 집에서 나와 LA 시내에서 이틀을 머무른 후 한국으로 돌아간다. LA 다운타운에서 호텔을 잡고 한국에서 이틀은 성경 세미나에 참석하기로 했다. 한국에서 잘 아는 목사님이 미국에 와서 세미나에 참석을 한다고 해서 함께 참여하기로 했다.

미국에 있는 교회에 가니 20년 만에 만난 반가운 얼굴들도 보였다. 여기저기 새로운 얼굴들도 많이 보였는데 그들에 대해서는 잘 알 수가 없었다. 오후에 LA에서 가장 유명한 바다 산타모니카 비치에 가기로 하고 차 앞머리를 돌렸다. 여전히 산타모니카 비치는 매

혹적인 해변이다. 항상 사람들로 북적이는데 그날도 작은 놀이기구를 타는 아이들, 윈드서핑을 타는 사람들, 낚시를 하는 사람들로 가득했다. 주차비 5불만 주면 차로 바닷가 가까이까지 들어갈 수 있다. 바닷가 끝은 테라스처럼 나무 바닥으로 잘 해놓았다. 주성이와, 소율이는 대 관람차에서부터 범퍼카까지 거기에 있는 많은 것들을 타고 싶어 해서 이것저것 다 태워 주기 위해 자유이용권을 끊었다. 거기에는 유명한 햄버거가 있었는데 바로 부바버거이다. 이것을 먹으러 저 멀리 산타 바바라에서 오는 사람도 있었다.

숙소에 도착했고, 세미나 장소에서 식사를 하기로 했다. 차가 엄청 밀린다. 도착하고 보니 식사가 거의 끝날 때쯤이었다. 다시 숙소로 가기 전에 그동안 함께 했던 애마를 이제 반납할 차례이다. 일본 차인 도요타 프리우스. 일본차에 대한 무조건적인 칭찬은 좀 그렇지만 50일간 함께 하면서 고장 한 번 나지 않고 잘 버텨준 것에 대해 감사함이 컸고 그간 정이 들었다. 그런데 청소를 해주지 못해 자동차가 내부나 외부가 말이 아니다. 미안해서 세차비 50불을 더 주고 반납했다.

보너스 삼 일과
여행 마무리

숙소에서 내일 비행기표를 보니 깜짝 놀랐다. 그동안 우리는 내일을 출발일로 알고 있었는데 그게 아니라 삼 일 후였다. 아마도 한 번 잘못 보고는 계속 그렇게 생각했던 모양이다. 미국의 친구들이나 친척들, 지인들에게 인사를 다하고 왔는데 난감한 노릇이었다. 그래서 숙소를 공항 근처에 다시 잡고 차 렌트도 다시 했다. 이틀을 벌었으니 그동안 안 가본 곳을 가보기로 했다.

150년 전통의 파머스 마켓

하루는 근처에 있는 서부에서 가장 오래된 파머스 마켓을 들렀다.

두 살 소율이 다섯 살 주성이 배낭여행 가다

이곳은 한국에서처럼 직접 재배한 채소와 과일을 가판에 놓고 판다. 사람들이 길게 줄지어 서있는 곳에 가서 둘러봤다. 자세히 보니 바비큐를 파는 곳이다. 직접 먹어보고 브라질리언 바비큐가 어떤 맛인지도 알게 되었다. 꼬챙이에 고기를 끼우고 각 부위별로 고기를 굽는데 입안에서 코, 머릿속까지 퍼지는 우아한 맛을 뭐라 설명할 수가 없었다. 그 시장에서는 한국인들도 장사를 많이 하는 것 같다.

그 다음날 작별인사를 하러 삼촌 회사에 마지막으로 들렀다. 그 사이에 아내는 미국의 쇼핑몰에서 쇼핑을 했다. 나는 주성이와 삼촌 회사에서 점심을 먹으며 한때를 보내고 있었다. 다시 헤어지려니 참 아쉬웠다. 이모와 외숙모, 사촌동생들도 모두 만나니 정말 반가웠다. 셋째 이모가 사시는 포틀랜드에 들르기로 했었는데 그러지 못해 아쉬웠다.

유명한 아이스크림, 빵 가게

이윽고 출발 당일이 돌아왔다. 각종 옷이며, 선물, 준비해온 모든 것을 챙기고 LA 국제공항으로 향했다. 차에서 짐을 내리고 잠깐 화장실을 갔다 온 사이에 자동차에 불법 주정차 스티커가 붙어 있었다. 얼마나 기가 막히던지. 내가 있을 땐 오지도 않더니 화장실을 간 사이에 붙이고 간 것이다. 벌금도 약 100불 정도로 한국 돈으로 12만원이라니 비싸다는 생각이 들었다. 하지만 한국에 도착했을 때 신용카드로 나갈 것 같아서 당장은 아까운 생각이 덜 든다. 나중에 신용카드에서 트래픽 패널티 피라는 이름으로 나갔을 때 기억이 날 것 같다. 짐도 다 부쳤고 우리는 드디어 중국 광저우를 경유해 한국으로 돌아간다. 한국으로 돌아가면 곧 설이 시작된다.

여행하는 동안 우여곡절을 많이 겪었다. 우리 가족이 이렇게 50일 동안 붙어 있을 시간이 또 언제 있을까! 주성이와 소율이도 부모인 나와 이렇게 오랫동안 함께 있었던 시간은 처음일 것이다. 앞으로 인생을 살아갈 때 이 경험은 계속 가족 사이에서 회자되고 또한 우리에게는 교훈으로 남아 큰 도움이 될 것이다.

우리는 중국을 거쳐 한국에 무사히 돌아왔다. 모든 게 어설프게 보이고 어색하게 느껴진다. 우리가 없어도 한국은 잘 돌아가는 것 같다. 하지만 우리가 있으므로 이 사회는 더 좋은 방향으로 잘 발전할 것이다. 또한 요즘 가족이라는 이름이 무색할 만큼 가족의 정과 의미가 많이 퇴색되어간다. 그런데 우리는 긴 여행을 계획하고 무사히 끝

공항 앞 숙소

마쳤다. 이 성취감은 뭐라 표현할 길이 없다. 참으로 좋은 경험이었다. 이 책을 읽는 독자에게도 말하고 싶다. 특히 지금도 여행을 떠나고 싶지만 무엇부터 해야 할지, 어떻게 해야 할지, 과연 떠날 수나 있을까, 더구나 아이들이 너무 어린데 하는 등 갖가지 두려움이 있는 모든 분들에게 이 책이 조금이나마 위안이 되었으면 한다. 나도 할 수 있겠다는 자신감을 심어주고 실제로 실행에 옮겨 가족과 함께 잊지 못할 큰 경험을 해보길 소망한다.

...

인천공항과 광저우에서 · LA국제공항 · 샌디에이고 라
호야 비치 · 샌디에이고 동물원 · 샌디에이고 올드타운
과 미드웨이 항구 · 샌디에이고 샌패드로와 멕시코 티후
아나 · LA 피터슨 박물관 · UCLA주변과 게티센터 ·
LA 근교 롱비치 수족관 · 트리프트샵과 오랜만에 만난
친척들 · 팜 스프링스의 추억 · 라스베이거스에서 ·
후버댐에서 · 그랜드 캐니언에서 · 애리조나 주의 세도
나 · 뉴 멕시코주의 산타페 · 덴버의 추억 · 아치스 파
크의 추억 · 유타의 솔트 레이크 주변 · 네바다의 리노
· 캘리포니아의 주도 새크라멘토 · 샌프란시스코 · 몬
트레이의 추억 · 캘리포니아 서부 해안도로 · LA 산타
모니카해변 및 재래시장

...

2

추억 앨범

01 인천공항과 광저우에서

우리가 타고갈
미국행 비행기

2. 추억 앨범

두 살 소율이 다섯 살 주성이 배낭여행 가다

잡깐 들린 중국 광저우

02 LA 국제공항

두 살 소율이 다섯 살 주성이 배낭여행 가다

03 샌디에이고 라호야 비치

피어에서 바라본 해변의 모습

바다를 즐길 줄 아는 군!

미국 여행 중 고락을 함께 한
프리우스

본격적으로 달려 볼까!
프리웨이를 슝슝~

2. 추억 앨범

소율아
난 안물어~

두 살 소율이 다섯 살 주성이 배낭여행 가다

홍학의 마을에 오신 걸 환영합니다

05 샌디에이고 올드타운과 미드웨이 항구

샌 패드로로
가는 기차

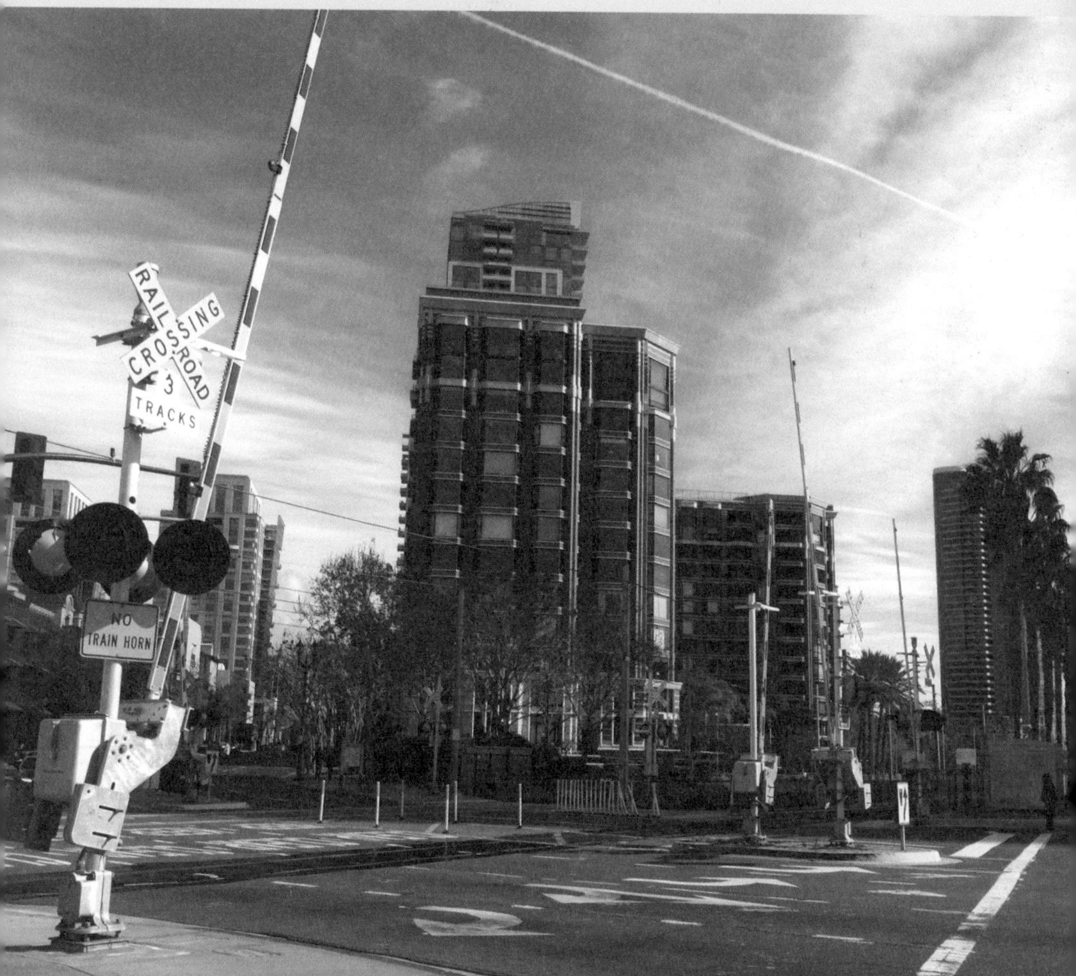

통과~

두 살 소율이 다섯 살 주성이 배낭여행 가다

소율이 예쁘죠~?

06 샌디에이고 샌패드로와 멕시코 티후아나

두 살 소율이 다섯 살 주성이 배낭여행 가다

07 피터슨 박물관과 디즈디랜드

두 살 소율이 다섯 살 주성이 배낭여행 가다

2. 추억 앨범

여러 로고

두 살 소율이 다섯 살 주성이 배낭여행 가다

LA 미술관

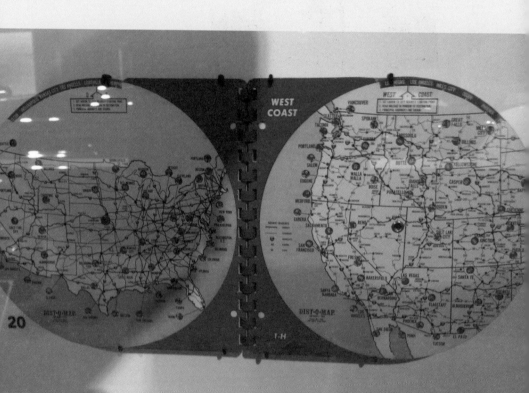

08 UCLA주변과 게티센터

NO ACCESS
TO
GETTY CENTER

두 살 소율이 다섯 살 주성이 배낭여행 가다

173

두 살 소율이 다섯 살 주성이 배낭여행 가다

2. 추억 앨범

09 LA 근교 롱비치 수족관

두 살 소율이 다섯 살 주성이 배낭여행 가다

2. 추억 앨범

두 살 소율이 다섯 살 주성이 배낭여행 가다

마치 여행을 하듯 자유롭게 창공을 날아가는 새

10 트리프트샵과
오랜만에 만난 친척들

두 살 소율이 다섯 살 주성이 배낭여행 가다

11 팜 스프링스의 추억

두 살 소율이 다섯 살 주성이 배낭여행 가다

팜 스프링스 호텔에서

두 살 소율이 다섯 살 주성이 배낭여행 가다

케이블카 타러 가는 길

12 | 라스베이거스에서

라스베이거스 미술관에서

두 살 소율이 다섯 살 주성이 배낭여행 가다

189

13 후버댐에서

두 살 소율이 다섯 살 주성이 배낭여행 가다

두 살 소율이 다섯 살 주성이 배낭여행 가다

193
2. 추억 앨범

14 그랜드 캐니언에서

두 살 소율이 다섯 살 주성이 배낭여행 가다

2. 추억 앨범

자연이 빚어놓은 걸작

눈 덮인 바위

두 살 소율이 다섯 살 주성이 배낭여행 가다

그랜드 캐니언 절벽

눈과 함께 어우러진 멋

두 살 소율이 다섯 살 주성이 배낭여행 가다

199

15 윌리엄스
에서

두 살 소율이 다섯 살 주성이 배낭여행 가다

2. 추억 앨범

16 세도나 가는 길

눈밭에 뛰어보고 싶다

두 살 소율이 다섯 살 주성이 배낭여행 가다

눕자

17 애리조나 주의 세도나

주성이와 함께

붉은 세도나의 돌

두 살 소율이 다섯 살 주성이 배낭여행 가다

18 뉴 멕시코주의 산타페

산타페로 가자!

19 덴버의 추억

캡틴 아메리카

검은 날개 나비

두 살 소율이 다섯 살 주성이 배낭여행 가다

20 콜로라도
스프링스

두 살 소율이 다섯 살 주성이 배낭여행 가다

아슬아슬

두 살 소율이 다섯 살 주성이 배낭여행 가다

2. 추억 앨범

21 아치스 가는 길

안전 운전

두 살 소율이 다섯 살 주성이 배낭여행 가다

22 아치스 파크의 추억

두 살 소율이 다섯 살 주성이 배낭여행 가나

221
2. 추억 앨범

두 살 소율이 다섯 살 주성이 배낭여행 가다

2. 추억 앨범

아치스 파크 애비뉴

두 살 소율이 다섯 살 주성이 배낭여행 가다

23 유타주 모압에서

두 살 소율이 다섯 살 주성이 배낭여행 가다

24 유타의
솔트레이크 주변

차량이 쓸고 간 바퀴자국

두 살 소율이 다섯 살 주성이 배낭여행 가다

2. 추억 앨범

두 살 소율이 다섯 살 주성이 배낭여행 가다

231
2. 추억 앨범

돌아와!!

지평선 넘어로~

233

25 네바다의
리노

너무 좋아요~

주성이 신났음

두 살 소율이 다섯 살 주성이 배낭여행 가다

237
2. 추억 앨범

와우~

두 살 소율이 다섯 살 주성이 배낭여행 가다

2. 추억 앨범

26 새크라멘토 가는 길

멋진 설경

두 살 소율이 다섯 살 주성이 배낭여행 가다

캘리포니아야 반갑다~

27 캘리포니아의 주도 새크라멘토

두 살 소율이 다섯 살 주성이 배낭여행 가다

캘리포니아의 주도 세크라 멘토

2. 추억 앨범

SANTA FE GRAND CANO

영화관 앞에서 찰칵

PIONEER SQUARE

28 소살리토

오클랜드

두 살 소율이 다섯 살 주성이 배낭여행 가다

251

두 살 소율이 다섯 살 주성이 배낭여행 가다

너무 예쁜 딸기 케이크

각종 파이

30 몬트레이의
추억

두 살 소율이 다섯 살 주성이 배낭여행 가다

두 살 소율이 다섯 살 주성이 배낭여행 가다

257

딸바보~

두 살 소율이 다섯 살 주성이 배낭여행 가다

2. 추억 앨범

31 캘리포니아 서부 해안도로

설경~

두 살 소율이 다섯 살 주성이 배낭여행 가다

캘리포니아야 반갑다

두 살 소율이 다섯 살 주성이 배낭여행 가다

드디어 물개 서식지 발견!

두 살 소율이 다섯 살 주성이 배낭여행 가다

32 LA 산타모니카 주변으로

산타모니카 노을

266
두 살 소율이 다섯 살 주성이 배낭여행 가다

탈것 많다~

267

손을 쭉~

보트도 타고

두 살 소율이 다섯 살 주성이 배낭여행 가다

269

2. 추억 앨범

두 살 소율이 다섯 살 주성이 배낭여행 가다

책을 다 쓰고 나니 정말 서운하면서도 뿌듯하다. 그리고 후련하다. 사진과 글을 정리하면서 새운 날들이 주마등처럼 머릿속을 스친다. 그러면서 지난 여행을 다시 떠올릴 수 있었고, 그 덕분에 이 더운 날 하루하루를 잘 버틸 수 있었다.

이번 이 책을 내기까지 많은 도움을 주신 책과나무 양옥매실장님과 편집디자이너 남다희 과장님께 감사하다고 전하고 싶다. 그리고 50일간 여행을 다니며 고락을 함께한, 내 영원한 동반자 사랑하는 아내, 보물 같은 아들딸 주성이, 소율이한테도 고맙다. 천방지축 배낭여행 떠난다니 노심초사하며 기다리셨을 부모님께 죄송했다고, 늘 감사하고 사랑한다고 말씀드리고 싶다.

미국 여행에 많은 도움을 주셨던 미국에 사시는 작은 외삼촌께 이 책을 전해 드릴 수 없다는 것이 너무도 안타깝다. 외삼촌께서는 몇 개월 전 불의의 사고로 돌아가셨다. 부디 좋은 곳에서 영면하시길.

이 책을 통해 외삼촌과의 추억을 간직하고 싶다. 그리고 미국에 가서 느끼고 경험했던 도전과 모험의 마음을 오래 새겨두려 한다.

2017년 9월
김 성 진